企业知识产权保护指南

国家知识产权局知识产权保护司
组织编写

IP Protection

知识产权出版社
全国百佳图书出版单位
——北京——

图书在版编目（CIP）数据

企业知识产权保护指南/国家知识产权局知识产权保护司组织编写. —北京：知识产权出版社，2022.4

ISBN 978-7-5130-7774-3

Ⅰ.①企… Ⅱ.①国… Ⅲ.①企业—知识产权保护—中国—指南 Ⅳ.①D923.4-62

中国版本图书馆CIP数据核字（2021）第203930号

内容提要

本书分别从战略及组织管理、人力资源管理、财务管理、市场营销、产品及研发管理、生产及供应链管理、法务与知识产权管理等七个方面，分阶段分步骤讲解了企业知识产权保护问题，所列方法可学可复制可操作，具有很好的实操性，是帮助企业提高知识产权保护水平、提高风险防范能力的工作指南。

责任编辑：卢海鹰　王祝兰　　**责任校对**：潘凤越
执行编辑：周　也　　**责任印制**：刘译文

企业知识产权保护指南

国家知识产权局知识产权保护司　组织编写

出版发行：知识产权出版社有限责任公司	**网　　址**：http：//www.ipph.cn
社　　址：北京市海淀区气象路50号院	**邮　　编**：100081
责编电话：010-82000860转8122	**责编邮箱**：lueagle@126.com
发行电话：010-82000860转8101/8102	**发行传真**：010-82000893/82005070/82000270
印　　刷：三河市国英印务有限公司	**经　　销**：新华书店、各大网上书店及相关专业书店
开　　本：720mm×1000mm　1/16	**印　　张**：13.5
版　　次：2022年4月第1版	**印　　次**：2022年4月第1次印刷
字　　数：140千字	**定　　价**：88.00元

ISBN 978-7-5130-7774-3

编写组

编　写：刘　建　王振凯　赵冠群　郑娟娟
廖　灿　王怀章　赵发喜　王　冀
范　溯　窦夏睿

统　筹：朱　瑾　宋蓓蓓　许谅亮　杨　骁
梁子钦

终　审：张志成

前　言

创新是引领发展的第一动力，保护知识产权就是保护创新。当前，我国经济已进入高质量发展阶段，经济发展从传统的要素驱动转变为创新驱动，知识产权逐渐成为产业革新升级的核心要素，加强知识产权保护成为我国经济实现转型升级、向高质量发展的内在需求。面对飞速的技术更迭、激烈的行业竞争，我国企业寻求突破、实现创新发展的需求强烈，但由于大部分企业，尤其是中小微企业，还存在管理层知识产权保护意识不强、对各环节知识产权价值认识模糊、知识产权保护能力水平与自身整体发展不匹配等问题，知识产权激励创新的作用难以有效发挥，转型升级、创新发展遭遇瓶颈。

2019 年 11 月，中共中央办公厅、国务院办公厅印发《关于强化知识产权保护的意见》，明确提出“编制发布企业知识产权保护指南，制定合同范本、维权流程等操作指引，鼓励企业加强风险防范机制建设，持续优化大众创业万众创新保护环境”的要求。

为贯彻落实中央决策部署，进一步提升我国创新主体，尤其是企业的知识产权保护能力和水平，发挥知识产权保护在推动我国经济高质量发展中的作用，国家知识产权局知识产权保护司组织编制《企业知识产权保护指南》，在调查我国企业知识产权保护现状和需求的基础上，整理树立企业知识产权保护意识、建立企业知识产权保护机制等理论知识，梳理企业进行知识产权风险防控、高效应对纠纷等保护策略，形成帮助我国企业有意识、有方法、高水平开展知识产权保护的行动指南，从意识培养、机制建设、实务操作等方面提升我国企业知识产权保护能力和水平。

本书编写组汇集了研究机构、企业、服务机构等各领域知识产权专家，选取企业管理层关注的视角，从组织管理、人力资源、财务管理、产品研发、市场营销等各环节，给企业的管理者，在惯常的商业场景下遇到有关知识产权保护问题时，提供相应的决策要点和管理方向，内容侧重于认知的全面性和方向性，并在操作层面给出了指向性建议，是一本针对性强、操作性好的保护知识产权的工作指南。本书的第一章是为企业管理者设计，第二章是为人力资源管理部门设计，第三章是为财务管理部门设计，第四章是为营销管理部门设计，第五章是为研发管理部门设计，第六章是为生产管理部门设计，第七章是为法务管理部门设计。

需要说明的是，本书仅为观点分享，不构成任何具体法律建议。

目 录

第一章

战略及组织管理

导读

一个优秀的企业管理者，

不一定需要了解所有的知识产权法律知识，

但需要具备知识产权保护和经营思维，

了解知识产权保护的商业规则，尊重客观规律，

找到适合自己企业的知识产权保护之道。

您是否思考过如下问题：

1. 企业知识产权保护工作的定位是什么？
2. 企业知识产权保护工作的目标是什么？
3. 企业知识产权保护工作的主要任务是什么？
4. 通过什么样的人才组织开展企业知识产权保护工作？
5. 如何制定企业内部的知识产权经营“游戏规则”？

一、企业知识产权保护战略制定

（一）企业为什么需要制定知识产权保护战略

知识产权法律制度的主要目的是在保护公众利益的同时，最大限度地激励人们进行发明创造、智力创作或者合法经营。

知识产权是重要的无形资产，在企业价值中所占比重越来越大。根据智力资本商业银行公司 OCEAN TOMO 调查显示，1975 年标准普尔 500 企业的市值组成中，83% 是有形资产（工厂、机器、房产等），而到了 2015 年，企业市值的 84% 已是由无形资产决定，主要就是知识产权。

在这样的时代背景下，制定知识产权保护战略可以帮助企业更好地将知识产权工作与总体经营目标进行融合，清晰规划知识产权工作任务，更好地管理和保护企业无形资产，形成企业经营和发展的优势资源。

从实践中看，不同企业对于知识产权的认知和能力有所差异，大致可分为以下几种情况：

① 知而不知。近年来，我国全社会知识产权保护意识显著提

升，越来越多的企业管理者知悉知识产权的基本概念和重要性。但是，仍有很多企业对于知识产权保护的认知仅限于各类资质申报、评价、评奖等活动中的被动要求，知道企业应当拥有知识产权，对于知识产权的理解限于“数量”层面，而对于这些知识产权用来“做什么”“怎么用”仍然模糊。这类企业往往尚未面临真实商业环境中的知识产权挑战，知识产权保护一般表现为事务型工作（申请专利、商标，申报有关资质等）。

② 知而少为。一些企业对知识产权的价值和意义有更深程度的认知和理解，例如：知道知识产权是划定一个权利范围从而构筑起防御墙；知道如果一家企业拥有知识产权，可以通过向竞争对手“主张权利”获得竞争优势，有时也可以保护企业免于诉讼从而保护商业利益等。但是，这一层级企业的知识产权实践并不多，“防御性”工作多于“逐利性”工作，往往“一事一议”“遇一事解决一事”（例如，发现某产品侵权后针对其提起诉讼，被诉后有针对性应诉等）。这一类型企业的知识产权保护一般表现为法律型工作。

③ 熟练运用。这一层级的企业已经掌握了在一系列商业场景中灵活运用知识产权的能力，知识产权已经较好地融入企业研发、生产、行销等各环节，在经营和发展中发挥重要作用。企业可以较为熟练地以知识产权作为“武器”（策略性诉讼、交叉许可等）或“工具”（分析产业发展热点和空白点等）开展竞争性工作。企业深刻理解“躺在手里的权利也是成本”，开始关注如何减少申请和维持

知识产权组合的成本，控制成本，系统测评知识产权风险与收益的平衡。这一类型企业的知识产权保护一般表现为管理型工作。

某电子有限公司的知识产权战略

某电子有限公司拥有百余年发展历史，一直以来都认为知识产权是其一项重要的商业资产，不仅能为公司创造现金收入，也能创造非现金收益。该公司的战略理念是知识产权战略必须是公司商业战略不可分割的一部分，缺乏知识产权战略的商业战略不是战略。

④ 战略发展。一些国际领先的高技术企业将知识产权视为重要的战略资产，不仅仅将知识产权视为内部管理事务，而且还会把目光投向企业外部，通过洞察产业未来发展方向和消费者偏好挑战，积极获取对于保护企业利润以及市场份额所必需的知识产权，同时进行主动探索，以使得企业成为该领域的领先者。例如：通过参与标准化活动，将技术专利化，技术标准化，从而实现专利标准化，引领产业发展；或是通过知识产权资产变现获取更多财务收益，通过知识产权投资入股获取股权投资收益等。这一类型企业的知识产权保护一般表现为战略型工作（可见后文所述有关实例）。

企业对知识产权的认知和实践往往是递进式和积累式的。无论规模大小、处于哪一个发展阶段，管理者都应立足企业自身发展阶段，面向更高层级的目标，制定和实施适合本企业的知识产权保护战略，推动企业更好地发展。

（二）什么是企业知识产权保护战略

现代企业管理理论中，企业经营战略一般是指在符合和保证实现企业使命的条件下，在充分利用环境中存在的各种机会和创造新机会的基础上，确定企业同环境的关系，规定企业从事的事业范围、成长方向和竞争对策，合理地调整企业结构和分配企业的全部资源。

企业经营战略包含各类型业务战略，比如生产战略、科技发展战略、营销战略、人才战略等，也应包含知识产权保护战略，如图 1 所示。

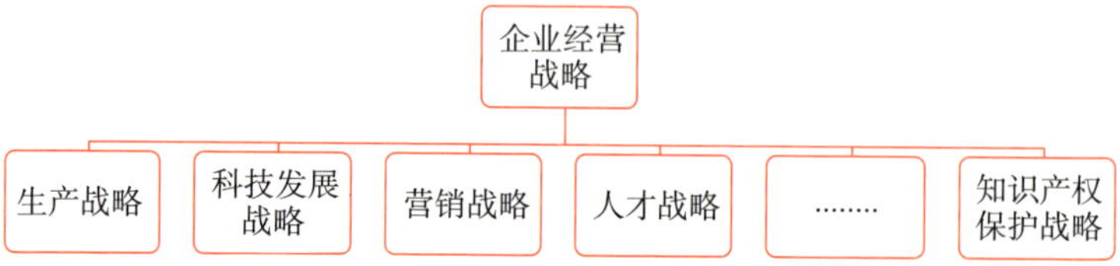

图 1　知识产权保护战略是企业经验战略的组成部分

知识产权保护战略是指企业充分运用知识产权制度，为保护自身合法权益、获得与保持竞争优势、遏制竞争对手、谋求最佳经济利益而进行的整体性筹划和采取的一系列策略和手段。企业的知识产权保护战略往往包含：

- 战略目标（做什么？通过知识产权保护实现什么？）

- 任务措施（怎么做？通过哪些工作内容和手段实现目标？）
- 组织保障（谁来做？如何保障任务的实施？）

成功的知识产权保护战略既可以有力支撑企业自身的科技发展战略、营销战略等，也可以帮助企业在外部竞争中建立优势。一些企业还通过实施知识产权保护战略实现了商业成功。[1]

某公司的专利战略与优势建立

某美国的无线电通信技术研发公司，其在通信技术上的专利实力强大，企业发展与专利保护战略紧密相联，进而对产业发展产生了推动力，对标准产业化产生了影响力。

该公司注重技术创新，大量投入研发，并通过强大的技术预见能力积极准确地进行专利布局，有选择地从外部取得所需的可用技术和战略方向技术，以保持其核心技术的领先性和垄断性。在 GSM 技术占主流时，该公司已经意识到 CDMA 将会成为 3G 主流技术，并将全部相关的研究成果申请了专利。有研究显示，该公司拥有的与 3G 技术相关的核心重要专利涵盖了当前所有的 3G 标准，任何一家从事手机制造、系统

[1] 以下案例根据下列图书中有关内容整理：刘纪鹏．法商管理学：下［M］．北京：东方出版社，2019：32.

备、芯片设计的公司都无法绕开其专利壁垒。2005年，该公司开始研究4G通信技术，以6亿美元收购一家拥有300多项OFDM专利的企业，建立了4G时代智能手机芯片的市场优势。

该公司构建了一个包括技术开发商、设备商、电信运营商等利益主体在内的生态系统，交互的中心是芯片-专利。该公司利用自身技术专利优势，通过广泛许可知识产权和将新技术集成到芯片中销售，实现了新技术商用。此外，该公司还通过与其他第三方进行交叉许可，主动争取到重要的第三方专利用于其芯片和软件产品，从而使众多的芯片和软件客户能够在终端和系统设备中使用这些专利。得益于其专利保护战略，越来越多的移动终端厂商选择了该公司技术阵营，逐步扩展了该公司芯片-专利的市场。

从内容类别来看，企业的知识产权保护战略可以分为专利保护战略、商标（品牌）保护战略、版权保护战略和商业秘密保护战略，如图2所示。以技术创新作为主要优势（尤其是依赖专利保护来发展）的企业，往往重点关注专利保护战略；以品牌塑造和经营为发展路线的企业，往往重点关注商标（品牌）战略；以版权经营和运营为主要商业模式的企业，往往重点关注版权保护战略；而以特有商业秘密为核心竞争优势的企业，会重点关注商业秘密保护战略。一个完整的知识产权保护战略很可能是包含上述多个战略。

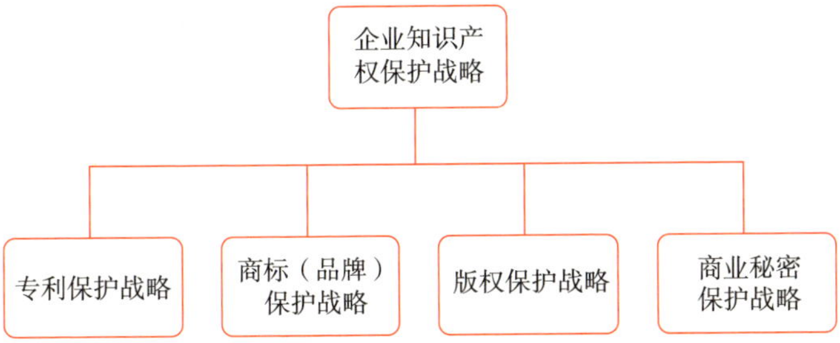

图 2 企业知识产权保护战略的内容组成

从性质或目的来看，企业的知识产权保护战略可以分为进攻型战略和防守型战略等，如表 1 所示。进攻型战略主要关注能给企业带来竞争优势的知识产权获取和保护，一般会包含基本诉讼战略、投资并购战略等。防守型战略主要关注避开或降低外部威胁带来的影响，一般会包含交叉许可战略、规避战略、无效战略、文献公开战略等。理想情况下，企业知识产权保护战略需要兼顾这两个维度，并且做好平衡。

表 1 企业知识产权保护战略常见策略

知识产权保护战略		简述
进攻型战略	基本诉讼战略	通过积极主张知识产权权利，制止侵权人侵权行为，并获得赔偿
	投资并购战略	通过投资、并购等活动，获得相应知识产权权利，从而充实自有知识产权储备

续表

知识产权保护战略		简　述
防守型战略	交叉许可战略	通过权利人进行协商，彼此使用对方的知识产权，许可行为一般不改变知识产权所有关系
	规避战略	通过识别存在侵权可能的他人知识产权，提前对自身产品或服务进行规避设计，从而避免自身侵权
	无效战略	通过对竞争对手的知识产权进行无效宣告，使得该“权利”丧失作用，从而避免自身侵权
	文献公开战略	通过对不希望申请专利的自身技术进行公开，“捐献”给公众，避免竞争对手申请专利

（三）如何制定企业知识产权保护战略

管理学家彼得·德鲁克（Peter F. Drucker，1909—2005）说，战略不是预测未来，而是决定我们今天做什么才有未来。制定企业知识产权保护战略的核心，就是要厘清企业目前在哪里、准备去哪里、变化在哪里以及基于现状和能力设计一个方案指引企业怎么去那里。

制定企业知识产权保护战略的基本步骤主要包含以下环节。

1. 明确“目前在哪里”

梳理企业知识产权工作现状，找到企业目前知识产权保护工作与经营期望值之间差距，并进行量化陈述。分析造成业务差距的原因是“该干的，没有干”，还是“干了，没干好”。例如，如果发现企业知识产权数量较少，要通过分析识别造成数量较少的根本原因是什么：是研发人员缺技能，还是缺意识；是企业流程出了问题，还是有流程但执行出了问题。

2. 明确“准备去哪里”

有效识别企业的愿景/使命，思考企业知识产权保护战略与愿景/使命之间的逻辑关联性。

通常而言，企业知识产权保护工作的定位有两类：基础性业务和辅助性业务。对于刚刚起步的企业而言，经验较少，知识产权实力和保护能力不足，一般会将知识产权保护定位为辅助性业务。但随着企业规模不断增大，企业在市场竞争中对于知识产权保护有更多诉求，则可以将知识产权逐步调整为基础性业务。

知识产权保护战略目标要以保障实现企业核心经营目标为原则，与企业经营战略相互咬合，并动态更新。常见的知识产权保护战略目标包括：①保护企业创新成果；②通过产权商业化产生利益；③通过行使“权利”限制竞争产品；④通过行使“权利”制止潜在侵权人；⑤通过知识产权实力钳制竞争对手，管控风险；⑥通过无形资产价值助力招商引资；⑦通过无形资产积累提升企业经营业绩；⑧通过无形资产积累提高企业市值或股价等。

3. 明确“变化在哪里”

对影响企业知识产权保护工作开展的内外部因素进行综合考量。常见的外部因素主要包括：国家和社会的总体知识产权保护环境、行业环境、竞争者环境。对外部因素的考量主要是识别外部机会和威胁。常见的内部因素可以细分为：企业的发展战略、技术实力、经营模式、财务状况等。对内部因素的分析主要是明晰优势和劣势。例如，实践中很多企业会对竞争对手进行知识产权情报分析，通过定期分析新公开的专利信息，跟踪竞争对手的技术发展趋势或者新产品研发进度。这项工作就是为了扫描知识产权外部环境，为企业内部决策提供参考依据。

4. 明确“怎么去那里”

“目前在哪里”是战略起点，“准备去哪里”是战略终点，“变化在哪里”是影响因素。在明确上述三个要素后，就要解决从战略起点到战略终点之间的路径和实现节奏问题。常见的路径包括：

① 知识产权布局与管理（主要包括专利、商标、版权的申请确权）

② 知识产权风险管控与预警（主要包括研发、销售、售后等过程中的知识产权风险识别与控制）

③ 知识产权流程制度建设（主要包括建设知识产权申报、保护、运用等流程制度）

④ 知识产权专业人才培养（主要包括研发人员的知识产权技能培养）

⑤ 知识产权信息化工具建设（主要包括企业知识产权管理系统的建设）

知识产权保护战略制定的最终结果可以形成企业的知识产权保护战略文件，该文件应明确企业知识产权保护工作的方向和路线，经过企业高级管理层的审批并发布，形成企业内部全体员工执行知识产权保护工作的核心指导，并且随着企业发展变化进行调整以适应企业新的发展状况。

（四）关注知识产权保护政策

近年来，我国出台了《知识产权强国建设纲要（2021—2035年）》《“十四五”国家知识产权保护和运用规划》《关于强化知识产权保护的意见》等一系列重要政策文件，明确了知识产权保护工作的发展方向和措施。企业管理者应关注政策变化，在制定企业知识产权保护战略时予以充分考虑，既要懂得借用“政策红利”，让企业发展借势而为，也要懂得避入“政策红线”，防范风险。

企业应重点关注知识产权保护方面的如下政策。

1. 持续打击不以保护创新为目的的专利申请

2021 年 1 月，国家知识产权局印发《国家知识产权局关于进一步严格规范专利申请行为的通知》，在《关于规范专利申请行为的若干规定》第 3 条规定的 6 种情形基础上，进一步增加了“单位或个人故意将相关联的专利申请分散提交”“单位或个人提交与其研发能力明显不符的专利申请”“单位或个人异常倒卖专利申请”等 5 种情形，从严打击、从严处置共 11 种不以保护创新为目的的非正常专利申请行为。同年 3 月，国家知识产权局公告发布《关于规范申请专利行为的办法》。知识产权管理部门持续组织开展打击非正常专利申请专项行动，对涉及的专利奖励政策和资格资质评定政策进行清理整治，严格对专利代理行业的监管。2022年1月，国家知识产权局进一步印发了《国家知识产权局关于持续严格规范专利申请行为的通知》。这一系列行动的根本目的是消除不以保护创新为目的的非正常专利申请行为，切实推动我国从知识产权引进大国向创造大国转变，从追求数量向提高质量转变。企业应当关注这些政策，避免在知识产权布局中出现这些行为。

不以保护创新为目的的非正常专利申请行为

（一）同一单位或者个人提交多件内容明显相同的专利申请；

（二）同一单位或者个人提交多件明显抄袭现有技术或者现有设计的专利申请；

（三）同一单位或者个人提交多件不同材料、组分、配比、部件等简单替换或者拼凑的专利申请；

（四）同一单位或者个人提交多件实验数据或者技术效果明显编造的专利申请；

（五）同一单位或者个人提交多件利用计算机技术等随机生成产品形状、图案或者色彩的专利申请；

（六）帮助他人提交或者专利代理机构代理提交上述五项所述类型的专利申请；

（七）单位或个人故意将相关联的专利申请分散提交；

（八）单位或个人提交与其研发能力明显不符的专利申请；

（九）单位或个人异常倒卖专利申请；

（十）单位或个人提交的专利申请存在技术方案以复杂结构实现简单功能、采用常规或简单特征进行组合或堆叠等明显不符合技术改进常理的行为；

（十一）其他违反《民法典》规定的诚实信用原则、不符合《专利法》相关规定、扰乱专利申请管理秩序的行为。

2. 规制商标恶意注册行为

2019 年 12 月，《规范商标申请注册行为若干规定》施行，明确对违反诚实信用原则、恶意注册商标的，可依法作出驳回、宣告无效等决定，并视情节给予警告、罚款等行政处罚。该规定具体列出属于《商标法》规定的不以使用为目的恶意申请商标注册，复制、摹仿或者翻译他人驰名商标，以欺骗或者其他不正当手段申请商标注册等 6 种违反诚实信用原则的商标申请注册行为。

违反诚实信用原则的商标申请注册行为

（一）属于《商标法》第 4 条规定的不以使用为目的的恶意申请商标注册的；

（二）属于《商标法》第 13 条规定，复制、摹仿或者翻译他人驰名商标的；

（三）属于《商标法》第 15 条规定，代理人、代表人未经授权申请注册被代理人或者被代表人商标的；基于合同、业务往来关系或者其他关系明知他人在先使用的商标存在而申请注册该商标的；

（四）属于《商标法》第 32 条规定，损害他人现有的在先权利或者以不正当手段抢先注册他人已经使用并有一定影响的商标的；

（五）以欺骗或者其他不正当手段申请商标注册的；

（六）其他违反诚实信用原则，违背公序良俗，或者有其他不良影响的。

2021 年 3 月，国家知识产权局印发《打击商标恶意抢注行为专项行动方案》，部署对恶意抢注具有较高知名度的公众人物姓名、知名作品或者角色名称等 10 类典型商标恶意抢注行为给予严厉打击，并将涉嫌恶意注册商标申请相关案件线索转交地方知识产权管理部门处置。

我国严格规制非正常专利申请、商标恶意注册行为

2021 年，国家知识产权局专门组织开展打击非正常专利

申请的专项行动，累计分4批向全国各地通报非正常专利申请共81.5万件。同时，国家知识产权局进一步加强对专利代理行业的监管，在“蓝天”专项行动中，对9家代理非正常专利申请的代理机构作出吊销资质、停止承接代理业务等重处罚；对84家人均代理量持续超过平均水平5倍的代理机构，组织有关省份知识产权管理部门实施重点检查。

2021年，我国累计打击恶意商标注册申请48.2万件。其间，国家知识产权局快速驳回抢注“长津湖”“全红婵”“冰墩墩”等商标注册申请1111件，依职权主动宣告“雪墩墩”“谷爱凌”等注册商标无效1635件，转办涉嫌重大不良影响及恶意商标注册案件线索1062条，在全社会营造了严厉打击商标恶意注册的高压态势。

3. 知识产权侵权惩罚性赔偿

我国持续提升知识产权法治化水平。2020年修正后的《专利法》《著作权法》《刑法》引入侵权惩罚性赔偿条款，加大对知识产权侵权违法行为的惩处力度；最高人民法院发布涉及专利授权确权、商业秘密保护、知识产权刑事保护等的多个司法解释，有关部门出台《关于加强侵权假冒商品销毁工作的意见》《药品专利纠纷早期解决机制实施办法（试行）》等文件。随着我国知识产权法治环境愈发完善，越来越多的国内外权利人有意识地利用行政、司法等各种途径解决知识产权纠纷。得益于知识产权侵权惩罚性赔偿制度落地，权利人遭受侵权的损失得到充分弥补。

我国日益成为全球知识产权诉讼优选地[1]

2014 年北京知识产权法院成立以来至 2021 年，涉外知识产权案件收案量已达 2.81 万件，占总收案量的 22.3%；涉外案件结案量达 2.4 万件，占总结案量的 21.6%；当事人遍及全球五大洲超过 100 多个国家和地区。涉外案件收结案数量整体呈现逐年增长趋势，其中，涉外案件的 75% 由外方当事人提起诉讼。2019 年最高人民法院知识产权法庭挂牌成立以来，受理当事人一方为外国企业的涉外案件 877 件，年均增长 49.9%，约占受案总数的 10%。

4. 知识产权信用管理

2021 年 9 月 1 日，《市场监督管理严重违法失信名单管理办法》施行，将实施“故意侵犯知识产权；提交非正常专利申请、恶意商标注册申请损害社会公共利益；从事严重违法专利、商标代理行为”等的当事人依法依规列入严重违法失信名单。2022 年 1 月，《国家知识产权局知识产权信用管理规定》印发，立足建立健全信用管理工作机制，规范失信行为认定、归集、共享、公开、

[1] 赵岩，张晓天．彰显知产审判的“中国范儿”：北京知识产权法院加强国际交流工作纪实［EB/OL］．（2022－01－12）［2022－03－01］．http：//www.rmfyb.com/paper/html/2022－01/12/content_212965.htm.

惩戒和信用修复等工作，通过对失信主体实施限制评优评先、纳入重点监管等不减损权益、不增加义务的行政管理措施，加大监管工作力度，发挥信用监管工作效能，在法治轨道上推进信用体系建设工作。

每一个政策的出台都是为了出“实招”引导、改变行业的发展。企业应积极关注国家知识产权保护政策，看清政策背后指引的方向、鼓励的举措、禁止的行为，从而在谋划企业自身发展时能够明确“哪些事情可以做”“哪些事情应该做”“哪些事情碰不得”，进而在企业知识产权保护战略制定中把准方向和路线，护航企业行稳致远。具体的知识产权保护相关政策可持续关注国家知识产权局、国家版权局等知识产权主管部门官方网站公布的有关信息。

二、企业知识产权保护的组织管理

（一）企业知识产权保护的组织架构

在很多刚刚开展知识产权保护工作的企业里，往往没有设置专职人员从事知识产权保护工作，多是由项目管理人员或者行政人员兼职完成，或者委托外部知识产权服务机构管理或协助完成。这种由兼职人员或外包人员从事知识产权保护工作的方式只能在初期阶段采用。企业发展一旦出现复杂的知识产权业务形态或者大规模上量，建议安排专职人员开展相应工作。

一般情况下，比较重视知识产权保护工作的企业会设置独立的、专业的知识产权保护工作机构（以下称“知识产权部门”）。

知识产权部门在企业内部组织体系设置上，业界一般有三种做法：

①设置在技术部门之下。这种做法的初衷是考虑到专利来源于技术研发，将知识产权部门设置在技术部门之下，知识产权部门可以紧密跟踪研发动向，与研发人员及时沟通，做到知识产权保护工作与技术研发同步开展，有利于知识产权的产出。但在这种模式下，知识产权部门较低的管理位阶可能导致其无法直接参与企业决策，难以从全局把握企业整体目标从而对知识产权进行综合管理，难以推动知识产权发挥最大经济效能。

②设置在法务部门之下。这种做法是将知识产权保护工作作为一种法律业务看待，多存在于当前阶段正在应对知识产权主张法律保护或者面临较大诉讼风险的企业中。知识产权部门隶属于法务部门，有利于知识产权法律事务的处理，如许可谈判、知识产权纠纷应对等。但是这种模式下，知识产权部门同研发、经营等部门相隔较远，如果缺少必要的跨部门协调机制，有可能会出现难以及时跟踪研发市场等部门工作动向的情况。

③设置独立的知识产权部门。设置独立的知识产权部门，综合管理企业的专利、商标、版权（有的企业还包括信息安全）等事务，与企业的技术研发部门、市场运营部门、法务部门平级平行设置。在采取这种结构的企业中，知识产权专业人员往往数量比较多，专业能力配备得比较齐全，能够独立开展全类型的知识

产权业务。知识产权部门管理位阶高、可以直接参与企业高层决策，对企业知识产权保护战略实施落地比较有利。这种模式成本相对较高。

某公司的知识产权部

某大型公司于1989年成立知识产权法务本部，该部门隶属于总经理之下，和经营层关系密切，除担任公司战略研究及制定的参谋外，还对各事业本部的运营及在知识产权使用方面给予支持。

该公司知识产权法务本部对公司的知识产权实行一元化管理，即公司有关知识产权的谈判、诉讼、授权等事务完全由知识产权法务本部统筹处理。该部门不但负责制订知识产权中长期计划、公司内部知识产权教育等计划，而且负责和本国知识产权管理部门、发达国家和地区专利局及事务所保持联系。

此外，该公司各事业开发部研究所的产品专利推动中心也设有知识产权人员支援产品开发。

企业应该根据自身发展阶段和需求、是否处于诉讼风险高发期，产业知识产权竞争激烈程度等因素综合考量，选择合适的知识产权部门设置方式，也可以根据企业发展情况，在不同时期灵活调整知识产权部门的组织架构。

同时，企业的知识产权保护绝不仅仅是知识产权部门或人员的任务，而是需要企业的每个部门和员工都能够参与其中。知识产权保护工作较为出色的企业，往往是由知识产权部门牵头，企业所有管理层和执行层的每名员工齐心协力、共同参与而实现的。

（二）企业知识产权部门的内设配置

企业可以结合自身实际情况以及对于知识产权保护工作的目标和定位，确定知识产权部门的内设配置。从实践来看，知识产权部门内设配置的依据通常有以下几种：

① 依据知识产权业务属性配置。依据业务属性，一些企业将知识产权部门划分为商标组、版权组、专利组、综合组。每个组又可以根据业务细分，赋予检索分析、申请、许可及纠纷解决等不同职能。

② 依据产品所属技术领域。按照企业产品所属技术领域，一些企业将知识产权部门划分为不同产品对应的知识产权工作组。这种模式主要是面向业务部门比较友好，知识产权本身功能细分不明显，但产品技术领域切分清晰。这种模式主要适用于产品多元化并且不同产品领域间技术关联度较低的企业。

无论企业的知识产权部门如何设置，其内设机构的工作人员的角色总是相对固定的，主要包括以下四种角色：

① 部门负责人：负责制定企业知识产权保护战略、政策，协调知识产权工作部门与企业其他部门的关系，统筹本部门工作。

② 知识产权工程师： 直接参与研发活动，提供知识产权技术信息，挖掘知识产权申请，为知识产权分析提供技术支撑，进行技术规避设计。

③ 流程事务人员： 负责全程参与知识产权生命周期管理，完成各项知识产权流程工作。

④ 知识产权法务人员： 负责处理涉及知识产权的各项法务工作，包括知识产权权属处理、知识产权许可和转让、知识产权纠纷解决等。

企业需要根据规模大小、所处行业、知识产权事务多少和类型等因素综合配置内设机构的工作人员数量。企业发展初期，可能会通过兼职人员或外部服务机构承担知识产权工作职能，但是发展到一定阶段，则需要配置专业的知识产权岗位或团队。一些大型企业内部专职的知识产权工作人员已达到了数百人。

（三）企业知识产权专业人员的能力要求

企业知识产权保护战略施行过程中，需要充分发挥知识产权部门的统筹协调作用，并最终体现在知识产权专业人员的执行能力。因此，企业需要“选用育留”优秀的知识产权专业人员，才能最大程度保障工作成效。如图3所示，企业知识产权专业人员通常需要具备以下几个方面的综合能力：

① 技术能力。 企业内部从事知识产权保护管理工作的专业人员与外部顾问有所不同，需要了解企业所处行业的竞争格局和产

业政策，熟悉行业有关基础技术，特别要关注对企业经营可能会产生实质性影响的替代性、竞争性技术。

② 法律能力。知识产权兼具“技术性”和“法律性”，知识产权部门人员一般需要兼具法律和技术双背景；在知识产权法方面，需要了解《专利法》《商标法》《著作权法》《反不正当竞争法》；如果企业有全球化经营需求，还需要了解企业主要贸易地或竞争对手所在地的知识产权、贸易、诉讼程序等法律规定。

③ 项目管理能力。实践中看，企业内部资源运作一般以项目方式展开，因此，企业的知识产权专业人员需要具备系统思维、风险意识和项目管理（业务管控、成本效益测算等）能力，还需要与内部从事研发、生产、财务、人事、营销等事务的人员密切配合，具备与相关部门对话的“语言体系”，将知识产权业务“全嵌入”到企业运营管理流程并参与“全流程”管控。与对外部法

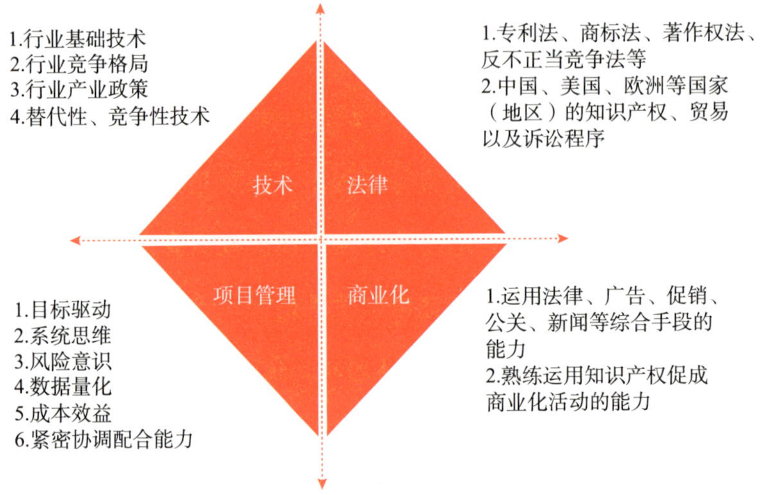

图 3　企业知识产权专业人员需要具备的能力

律顾问的“专业性”优先有所区别，企业知识产权专业人员对“综合性”的要求更高，从能够进行专利挖掘、专利诉讼，到进行战略规划、重大知识产权并购，都需要由企业知识产权专业人员负责过程管理和质量把控。

④ 商业化能力。在现代商业社会，任何知识产权事件都不会是独立的事件，较为高阶的企业知识产权专业人员还需要具备一些综合运用法律、传播、促销、公关等手段的能力，促成商业化目的的实现。

（四）企业知识产权保护工作的外部资源协同

对于未设立内部专职知识产权工作人员或知识产权部门力量不足的企业而言，获得外部资源的支持是非常重要的。实践中，企业即使是设立了专职知识产权工作部门，在一些业务方面也经常需要专业知识产权服务机构的参与和配合。

对于企业而言，可利用的知识产权外部资源主要有以下几类：

① 知识产权代理事务所。主要协助进行专利、商标、版权申请确权。

② 知识产权律师事务所。主要解决诉讼争议。

③ 知识产权管理咨询机构。主要进行管理咨询或者战略咨询。

④ 知识产权评估机构。主要进行资产评估作价。

⑤ 知识产权公证、鉴定机构。主要进行知识产权相关公证、

鉴定工作。

⑥ 知识产权调查机构。主要协助进行侵权调查取证。

⑦ 知识产权工具提供商。主要提供知识产权管理、检索工具服务、数据库等。

⑧ 知识产权媒体机构。主要是行业媒体，开展宣传或资源对接等工作。

企业内外部两类人员在职能和效用上各有侧重：内部人员对于企业内部运作、企业文化、战略规划、管理嵌入、应急响应等业务比较有优势；而外部人员在专业应对、社会资源等方面更有优势。

企业一般应该寻找熟悉企业所属行业实际情况、有服务优质客户经验的外部资源，建立起适应企业自身发展的外部资源“短名单”，从而对内部专业人员的专业能力进行有益补充，形成良好的内外部协作的资源配置模式。

专利代理机构是企业最常需要和利用的知识产权专业外部资源。以选择专利代理机构为例，企业可以重点考虑如下因素：

① 代理资质。我国法律法规明确规定，从事专利代理的机构必须经过国家知识产权局的行政许可，取得专利代理机构注册证。市场上一些没有获得行政许可、擅自开展代理业务的无证机构不注重服务质量，一旦发生纠纷，还可能对专利权人的实际利益造成严重损害。因此，建议企业应与正规的代理机构进行合作，保障基本权益。代理资质及其服务年限可以通过国家知识产权局网

站和中华全国专利代理师协会网站进行查询。

② 利益冲突。在选择代理机构的时候，建议充分调研其是否同时代理了直接竞争对手的有关专利申请，慎重考虑是会否因利益冲突给企业带来风险，尽量避免选择直接竞争对手相同的专利代理机构，或至少应要求代理机构在内部建立信息防火墙机制。

③ 机构情况。专利较长的生命周期要求企业应尽量选择稳定可靠的代理机构，尽量避免过程中更换代理团队，影响连贯布局和权利获得等。一个可靠的组织架构通常应该有以下几大主体：优秀的企业领导人、高素质的管理干部、稳定的专利代理师群体、良好的管理制度。企业应根据自身情况选择和自身申请规模“门当户对”以及沟通较为方便的代理机构为宜，也可对其业界口碑进行了解。如果一家代理机构通过了《专利代理机构服务规范》（GB/T 34833—2017）相关国标认证，其内部管理足够规范，可以在一定程度上降低企业与其合作的风险。

④ 业务能力。专利代理机构在将发明创造转化为高质量的法律权利中发挥着至关重要的作用。代理机构的撰写质量是根本，直接影响发明创造能否获得授权、授权专利的保护范围是否理想、法律状态是否稳定以及整个过程所花费的人力、时间、财力、物力成本。企业可以从一些显性指标对代理机构进行初步考量，包括其代理申请的授权率、申请周期、被引用次数、同族数、专利维持时间等。代理机构的流程管理应足够专业。此外，每个代理机构通常会有擅长的细分技术分支。选择代理机构时，对其擅长

技术领域进行充分调研是有必要的。

⑤ 服务能力。代理机构的服务意识是企业必须考虑的核心要素之一，优秀的代理机构会主动站在企业的立场上思考问题。选择专利代理机构时，直接为企业提供专利服务的代理师或者代理小组是重要的考虑因素。企业在选择代理机构的时候，可以事先了解拟服务团队的成员简历，并指定一名经验丰富的对接人员。通常而言，具有科研经历、熟悉创新思维的专利代理师能够更好地与技术人员进行沟通和换位思考，有助于启发发明人完成更有价值的专利布局。具有审查经历、深谙检索技巧的专利代理师能够更好地对创新点进行查新监控，避免重复开发和不必要的专利申请。具有法律经历、做过无效诉讼的专利代理师能够更好地利用商业的思维来指导专利的撰写和保护，实现对产品和技术的真正保护。具有涉外经历、精通内外申请的专利代理师能够助力企业更好地开展全球化布局。企业可根据需求与代理机构进行沟通后有侧重性地选择服务团队。

⑥ 价格成本。对于企业而言，优惠的代理价格意味着知识产权部门可以降低其成本支出，减轻财务压力。但是实践中，很多企业一味选择低报价的代理机构所带来的惨痛教训不胜枚举。综合而言，选择代理机构应该正视价格背后可能存在的服务质量差异。低价通常会降低企业在代理机构心目中的优先级，少了精雕细琢的匠心服务，带来的结果很可能是专利保护范围过小甚至是专利无法授权，得不偿失。

⑦ **增值能力。**后续有更多服务需求的企业也可以进一步考察代理机构的海外合作资源情况、专利商业化服务能力、争议解决能力、培训服务能力等。

（五）如何建立有效的企业知识产权激励机制

根据我国2020年新修正的《专利法》，国家鼓励企业对于知识产权的产生和实施行为实行产权激励，采用股权、期权、分红等方式，使创新者、发明人或设计人合理分享创新收益。法律强化了对于职务发明创造的发明人、设计人的奖励要求，但对于企业来说，却是“花小钱，赚大钱”——花职务发明奖励的“小钱”，赚创新发明产业化价值的“大钱”，也具有积极意义。

企业通过建立合理有效的激励机制，可以让企业员工中的创新者想创新、敢创新、能创新，并充分调动创新者实施知识产权创新成果的积极性和主动性，享受到创新所带来的成果和收益，让创新者得到收益，让企业实现商业价值和社会价值的最大化。

有效的企业知识产权激励机制是要解决好“价值创造－价值增值－价值分配”这一循环链条的问题（见图4）。

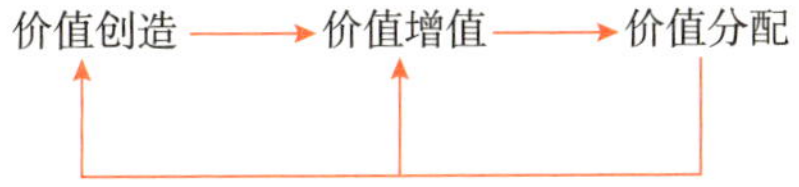

图4　企业知识产权激励机制循环链条

企业在设计内部激励机制时，需要充分考虑以下四个因素：

① 共识。企业需要与员工达成创新的共识，以及利益分享的共识。这样的共识不但是短期承诺，更重要的是长期坚持和文化传承。

② 共担。知识产权创造从根本来说，是发端于企业，落实于员工。二者是共担的关系。企业内部需要建立制度层面有保障的、利益分享机制明确的规则。

③ 共创。高价值知识产权获取，需要调动各方资源，把每一个角色的优势都发挥出来，真正形成价值创造、价值增值和价值分配之间的良性循环。其中，最关键的就是建立共创的共识，让企业、发明人、利益相关者形成共创的机制。

④ 共享。不是简单的利益共享，其实是通过后端的“价值分配”，调动前端的“价值创造”和中端的“价值增值”，实现高价值知识产权生产的牵引。

某公司的“专利合伙人”机制

成立于2015年的某公司，已在云端智能机器人领域崭露头角。作为科技型初创企业，其首创的专利合伙人计划贯穿专利创造、运用、保护和管理整个过程，通过机制牵引培育具有知识产权思维的人，被业界称为“全球最具吸引力的创新激励计划”。

专利合伙人计划的核心内容包含职务发明奖励、高质量专利奖励、专利运用奖励等。如果相关专利被写入国际、国家标准中，成为标准必要专利，企业将按1万美元/件进行奖励。而且奖金是终生享有的，无论是否离职都能获得收益。得益于专利合伙人计划的实施，该公司的专利申请量实现稳步增长。

在专利转让或维权中产生的经济收入，企业会将转让收入或赔偿额度的10%作为奖金，其中，一部分用来奖励专利发明人，另一部分用来奖励负责转让或维权工作的员工，包括技术、市场、法务知识产权等团队，就是所谓的“利益相关者”。

此外，通过专利合伙人计划给予员工投资机会，只要员工对专利的发明、申请、运营等起到推动作用，企业在专利转让和维权中就会与员工的收益相挂钩，并且专利质量的高低，还决定着其之后转化、维权过程中产生价值的大小。

技术创新和制度创新并举，使得该公司保持了强大生命力，也巩固了该公司作为全球首家云端智能运营商的市场领先地位。

（六）中小微电商企业知识产权保护

我国电子商务发展迅速，网络零售市场规模连续多年保持全球领先。国家统计局数据显示，2021 年全国电子商务交易额达 42.3 万亿元，同比增长 19.6%。电子商务高速发展的同时，知识产权保护的重要性尤为凸显。电商企业尤其是中小微电商企业，要予以足够重视，在经营中重点关注以下方面。

1. 熟悉法律法规

在国内电商平台经营的企业应熟悉我国电子商务相关法律法规，包括《电子商务法》、《民法典》“侵权责任编”和《信息网络传播权保护条例》等，了解电商平台、知识产权权利人、平台内经营企业的责任和义务，以及相关法律程序，依法保护知识产权。在跨境电商平台经营的企业，需要根据主要贸易对象国家（地区），进一步了解该国家（地区）相关的法律法规，遵守当地法律法规要求。

2. 熟悉国家管理标准和各大平台管理规则

2021 年 6 月 1 日，《电子商务平台知识产权保护管理》国家标准正式实施。该标准是我国首个明确规定电商平台知识产权保护管理的推荐性国家标准，依据《电子商务法》《专利法》《商标法》《著作权法》等相关法律规定，结合实际情况对电商平台知识产权保护管理做法进行了规范。在相关法律法规和管理标准基础上，各大电商平台结合自身经营实际，进一步制定了自己的平台规则，对各类中小企业入住平台应当遵循的义务加以明确。

在国内电商平台经营的企业应熟悉平台管理标准，并根据实际情况，重点关注经营所在电商平台的平台规则，熟悉交易、市场管理、违规行为及处理等各方面的规定，依法合规地开展电商经营。在跨境电商平台经营的企业，在熟悉平台规则时，需重点关注规则中涉及的管辖和法律适用条款，明确可能遇到的纠纷诉讼发生地以及适用法律，提前预估维权的难度和成本，做好风险应对预案。

国家标准链接

电子商务平台知识产权保护管理：http：//openstd. samr. gov. cn/bzgk/gb/newGbInfo？hcno = E315E3B122771E0D38B843BC19E6E5F4

主要电商平台知识产权规则链接

淘宝：https：//rule. taobao. com/#/

阿里巴巴：https：//rule. 1688. com/newIndex. htm

京东：https：//help. jd. com/user/issue/464 – 1501. html

拼多多：拼多多管理后台软件 – 规则中心

亚马逊：https：//gs. amazon. cn/policy

3. 加强知识产权布局，做好备案登记

对于自主研发的产品，电商企业要做好知识产权布局，结合实际情况，就核心产品、品牌形象申请专利、商标、著作权等，实现立体化保护。在获得相应权利后，企业应在经营所在的电商平台做好备案登记，通过备案资质助力快速投诉维权，有效维护企业合法权益。

4. 提升纠纷应对能力

电商企业遭遇产品被线上投诉下架等纠纷时，企业应沉着应对。首先应进行自查，核实产品是否构成侵权，以及是否属于平台规定的下架情形。根据自查结果，如果不构成侵权，则积极向平台提供证据，说明不侵权事实；如果构成侵权，可以尽快与投诉方取得联系，通过许可、协商等方式进行合作，尽快解决纠纷，将负面影响降到最低（有关争议解决的详细内容可参见本书第七章第三节）。在日常经营中，企业应保存好产品进货凭证等关键证据，以备侵权纠纷应对时作为证明材料使用。

此外，在跨境电商平台经营的企业，需对权利人可能在境外提起的诉讼高度重视。近年来，欧美法院会针对电商平台上涉嫌侵权的商家颁布临时禁令（TRO），一旦执行，将会立刻采取关闭店铺，同时冻结交易账户等临时措施，对企业经营造成严重影响。相关企业要积极应诉或争取和解，切不可消极应对，避免因不应诉而被法院进行缺席判决，最终支出与实际销售额严重不符的巨额赔偿，严重时甚至会被排除在该国市场之外。中小微企业

遇到这类问题，可以向国家知识产权局设立的国家海外知识产权纠纷应对指导中心（联系电话 4008869286 - 6）及各地分中心（www. worldip. cn）寻求指导帮助。

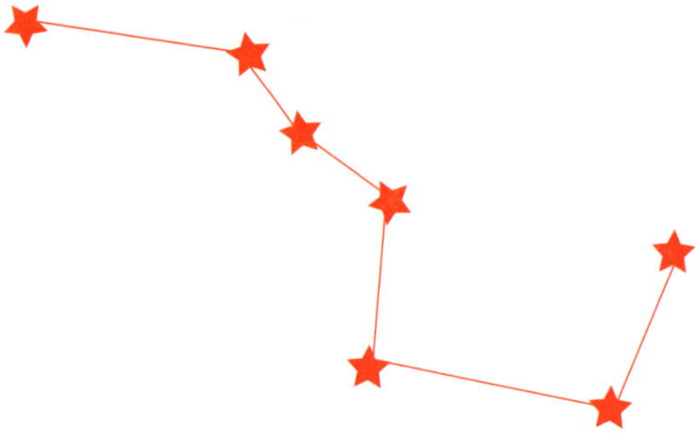

第二章

人力资源管理

导　读

随着现代企业管理理论的不断完善和创新，

知识产权已经成为人力资源管理体系的一项新课题。

人力资源管理者如何处理涉及知识产权的各项工作，

决定着企业的核心竞争力，也是企业能否长远发展的关键。

您是否思考过如下问题：

1. 日常的招聘工作是否存在知识产权风险？
2. 如何选择适合企业需求的知识产权人才？
3. 有没有方法协助寻找关键岗位技术人员？
4. 如何避免员工在入离职时危害企业利益？
5. 企业如何开展知识产权文化建设？
6. 企业如何就知识产权工作进行绩效考核？

一、甄选与招聘

（一）预防人才招聘带来侵权风险

企业在招聘人才时，往往优先选择竞争对手的核心员工，以求快速增强自己的团队能力，同时顺带了解竞争对手的内部情况。但这可能带来巨大风险，如图 5 所示。

图 5　人才招聘的法律风险

通常来说，招聘员工时的法律风险可以从以下几方面来把控：

① 商业秘密风险。新招聘的员工可能在工作中使用到其在原单位获得的商业秘密，包括技术信息（例如，产品配方、制作工艺、技术图纸等）和经营信息（例如，客户名单、财务数据、采购价格等）。如果因此给原单位造成损失，那么用人单位需要与该员工一起承担损失赔偿。

某两公司的商业秘密纠纷

2016年2月，无人驾驶汽车公司A的某核心研发人员离职创立自动驾驶货车公司B。2016年8月，该公司被美国出行科技公司C以6.8亿美元的价格收购，该核心研发人员也随之加入C。

2017年2月，A公司在美国北加州地区旧金山联邦法院正式向C公司提起侵权诉讼，诉称：该核心研发人员在离职前从A服务器上下载了14000多项文件，其中涉及大量自动驾驶核心机密文件，而这些文件也随着该核心研发人员的加盟被使用在C公司的相关研发项目中，因此，C公司侵犯了其自动驾驶技术方面的专利，窃取了商业机密。A公司提出近19亿美元的天价赔偿要求。

这起诉讼案持续了一年之久，2018年2月，C公司与A公司达成全面和解协议，C公司承诺向A公司赔偿2.45亿美元且不再使用侵权技术。

② 竞业限制风险。如果新招聘的员工事先与原单位之间签订有竞业限制协议，那么该员工的入职就属于违约行为，后续可能遭遇一系列麻烦，例如该员工要退回竞业补偿金、支付违约金、赔偿损失等。更加严重时，可能造成该员工入职意愿降低，耽误企业的正常用工。

③ 舆情风险。用人单位从直接竞争对手招聘核心员工时，有可能会被冠上“挖墙脚”的恶名，容易被竞争对手抓住机会进行恶意夸大诋毁，可能会产生舆情风险。

对于这类风险的内部管理建议包括：

① 面试前，签署面试协议或面试告知，避免面谈时涉及原单位的商业秘密。

② 面试过程中，要向应聘人员核实是否存在竞业限制、保密协议等商业约束。

③ 发放入职通知前，做好背景调查工作，确保应聘人员没有受到竞业限制条款、保密协议条款或其他知识产权条款的限制。

④ 从竞争对手直接引入高级别人才时，注意防范舆情变化和被诉风险。

（二）招聘知识产权人才

如果企业设置有专门的知识产权部门或岗位，应当招聘专门的企业知识产权人才。

这类人才通常可以分为实务人才和管理人才。实务人才往往具备权利积累、风险管理或运营获利等实务工作经验，而管理人才则需要熟悉技术、法律、市场以及企业经营的各个方面，以协助企业制定知识产权保护战略，规划每个阶段工作目标，构建整个知识产权的管理体系。

企业知识产权人才的具体素质和能力类型应从企业发展知识

产权工作实际需求出发，如图 6 所示。

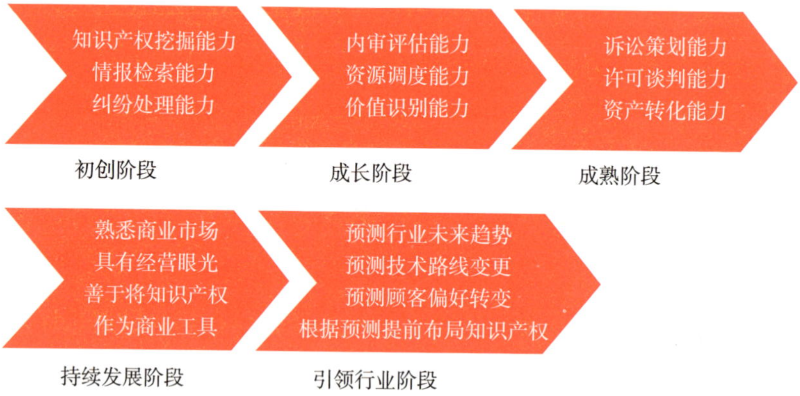

图 6　企业知识产权人才素质模型

根据企业所处的不同阶段，知识产权人才的素质模型可以分为以下几种情况：

① 当企业的知识产权工作主要以防御布局为主时，可以招聘具有知识产权挖掘能力、情报检索能力、纠纷处理能力等的实务人才，降低企业的涉诉风险或合理应对纠纷，减少企业损失。

② 当企业的知识产权工作主要以管控成本为主时，除了更加专业化的实务人才之外，可以开始招聘具有内审评估能力、资源调度能力、价值识别能力的管理人才，降低企业成本。

③ 当企业的知识产权工作开始过渡到获取价值时，知识产权人才分工需要进一步精细化，对实务人才可以招聘具有诉讼策划能力、许可谈判能力、资产转化能力等的人才，而对管理人才可以招聘具有丰富知识产权商品化、诉讼化、资产化、证券化经验等的人才，以让知识产权产生更多附加价值。

④ 当知识产权工作开始用于企业的商业资源整合时，企业知识产权管理人员需要非常熟悉商业市场且具有经营眼光，能够借助知识产权来合纵连横、整合产业链，将知识产权作为商业谈判的工具、决定产品定价的工具、影响企业市值的工具等。

⑤ 当知识产权工作更深层次融入企业经营时，特别是不仅瞄准当下，已放眼未来时，应当招聘更高层次的知识产权管理人员，其应该有能力预测行业未来趋势、技术路线变更、顾客偏好转变等，并通过提前获取和发展能够保护企业未来盈利和市场份额的知识产权来积极延续企业在行业中的领导位置。

根据自身企业的特色，明确出适合自身企业情况和当前发展阶段的知识产权工作人员的任职条件，并给予充分资源聘用相应人员，是企业管理者真正将知识产权作为竞争工具看待和使用所迈出的第一步。

（三）招聘信息中的知识产权风险

企业为了提高招聘吸引力，往往在招聘广告中对企业创立背景、产品销量、福利待遇等进行极力包装，又或直接列明待聘人员应当熟练使用某某办公软件。

这样做存在两点法律风险：

① 企业在介绍自身信息时，夸大宣传企业自身状况，可能违反《广告法》《反不正当竞争法》或其他相关法规。

② 所涉及的软件如果没有购买正版，可能招来软件厂商维权。

因此，建议企业：

① 在对自身进行宣传时，慎重使用“产品销量位居全国第一”等带有绝对化色彩的字眼。

② 应当购买正版授权软件。

此外，在招聘信息对外发布之前，最好交由企业的知识产权团队或聘请外部专业法律人员对广告内容进行审定、复核，以确保合法合规。

（四）发现核心技术人员

专利文献中包含着丰富的著录项目信息。善用知识产权检索工具，可以帮助企业简单、快捷地寻找到相关领域的优秀技术人才。如图 7 所示例子，通过专利文献中公布的“发明人/设计人”著录项目信息，可以直接寻找到曾经作出过类似发明创造的研发人员，锁定潜在招聘对象后，再有针对性地进行联系。

[22]	申请日	2007.××.××
[21]	申请号	200710××××××.9
[71]	申请人	某技术有限公司
	地　址	A省B市C区总部办公楼
[72]	发明人	张三　李四　王五　赵六

图 7　专利文献中的发明人/设计人信息

一般来说，提出发明创造数量较多、质量较高的技术人才，有可能就是相关技术的核心研发人员——此类人员可以成为企业寻找高端研发人才的重要目标。此外，任职过多家企业的人员的行业视野可能更为广阔，对于职业发展的追求更加热切。对此，企业还可以进一步通过对专利文献中目标人选几年来在不同企业之间的流向进行分析，来判断其求职意向，为企业的人员招聘提供更多信息输入。

通常来说，这类招聘操作可以由研发、人力资源以及知识产权三个部门协同完成。大致流程如下：

① 研发部门向人力资源部门提出招聘需求。

② 人力资源部门根据自身需要引入知识产权部门，由知识产权部门会同研发部门明确待招职位最为关注的技术方向及其技术主题，据此设计出合理的检索式，并通过检索发明人的方式，发现候选人员。

③ 知识产权部门将人员列表反馈到人力资源部门进行有针对性的联系。

二、入职离职与管理制度

（一）入职时应注意的知识产权问题

员工入职是人力资源招聘工作中极为重要的环节，企业在用工过程中很多知识产权风险其实在员工入职伊始就已埋下。

在人员入职过程中，应重点关注和排查如下风险：

① 新入职人员可能受到与原单位签订的商业秘密、竞业限制

或其他知识产权条款的限制。

② 在本单位开展工作时，可能侵犯原单位的经营信息和技术信息等商业秘密。

③ 新招聘的员工在从原单位离职后一年内，如果将与原工作有关的发明创造在本单位申请专利保护，则可能会引发知识产权权属纠纷。

④ 人员入职之后如果无法适应本单位环境，短期出现离职，可能会导致本单位的商业秘密、智力劳动成果等流失。

⑤ 从直接竞争对手直接招聘的核心员工，需要注意出现舆情风险。

对此，在给新员工办理入职手续时，企业应该注意完善员工入职流程，书面化签署、确认各种文件，并进行可能的侵权风险提示，主要包括：

① 请员工签署承诺书，承诺其不会违反对原单位的任何竞业限制义务，不会将任何涉及第三方的商业秘密带入企业，且不会违反对原单位的任何知识产权归属协议所确定的义务等。

② 及时签署劳动合同，明确其工作岗位和工作内容，约定对于本单位职务发明创造中知识产权的归属，并且设置保密条款，保护本单位的技术秘密和经营秘密。保密条款也可以独立于劳动合同，采取保密协议的形式单独签订。

③ 对于掌握核心机密的重要员工，可以额外签订竞业限制协议，强化对企业核心竞争资源的保护。

④ 在聘用研发人员时要做好背景调查，并关注入职一年内其完成的研发成果是否属于其在原单位的职务发明。对新入职研发人员在上一家单位工作不满一年的，还要跟踪其入职前一年内工作的其他几家单位。

⑤ 要求员工注意在日常工作中制作、存留相关项目的方案构想、实验数据、设计图纸等资料文件，产生纠纷时可以作为参考证明等。

上述协议和访谈模板等可以由人力资源部门与知识产权部门和法务部门协作设计制定，并交由外部律师确认，做到标准化、规范化处理。

（二）对离职员工的知识产权访谈与定期监测

员工离职后，利用在原单位掌握的商业秘密牟取暴利的案件时有发生。2017 年，某食品公司的离职技术人员贾某非法将其在该公司掌握的专有技术、生产工艺等核心机密信息使用在另一家食品加工企业的生产经营中，给该公司造成高达千万元人民币的损失。

由此，企业还应该在人力资源环节的最后一环，即离职手续上做好把控工作。需要重点关注是否存在如下情形：

① 员工在离职时是否复制并带走了工作电脑中的文件，相关文件是否包含企业的商业秘密，或是否有造成企业商业秘密外泄的风险。

② 员工在离职前是否对工作邮箱或者文件夹做好备份和归档，避免造成企业的商业秘密流失。

③ 员工在离职后是否将其在原工作期间作出的发明创造以个人名义申请保护，造成企业的研发成果损失。

④ 员工是否违反竞业限制协议约定，从事受限领域的工作或在有竞争关系的单位任职等。

对此，企业应在签署解除劳动合同手续之前，与离职员工办理离职手续，内容主要包括：

① 对于离职员工，企业应要求其妥善办理工作交接，核查工作相关信息是否已经按照企业的规定归档保存，并再次提醒其保密义务。

② 要求离职员工主动删除私人保存的商业秘密信息，告知其不作为所可能承担的法律责任。必要时，可以通过预装在办公电脑上的数据防泄露（data leakage prevention，DLP）软件进行核查。

③ 提醒员工注意在从本单位离职后一年内作出的、与本职工作有关的发明创造的专利申请权仍然归属于本单位，避免产生不必要的权属纠纷。

④ 如果签订了竞业限制协议，应在离职时向员工明确协议是否生效。如果生效，企业应在竞业限制期限内向离职员工支付补偿金。

此外，针对核心离职员工，建议设置离职人员档案，并安排专人进行定期核查，及时跟进核心人员离职后的动向。如发现存在侵权或违约可能，应第一时间向企业有关负责人汇报。

（三）企业知识产权类制度和规范

为了承接企业知识产权保护战略落地、确保知识产权部门有序开展工作，企业应该根据自身发展战略与方向，设立健全完善的知识产权类制度和规范。

企业中常见的知识产权类制度和规范可以包括：

① **知识产权管理制度：**用于定义本企业设计的知识产权类型、企业有关负责人、归口责任部门、审批管理制度、职务成果归属、工作存档与备案制度等。

② **知识产权奖惩制度：**用于明确与知识产权申请、保护、成果转化方面的奖励与报酬的金额和方式以及违反法律法规行为的惩罚措施等。

③ **保密制度：**用于定义企业的技术秘密和经营秘密、区分保密级别及其使用权限、商业秘密的加密和解密规则、涉密区域与外来人员管理等。

④ **办公软件管理制度：**用于明确办公软件的购买、登记、安装、调试等规定，禁止员工在企业电脑上私自安装盗版软件等。

⑤ **信息安全制度：**用于加强企业计算机存储、网络传输和密码技术的管理，保证企业网络环境稳定、信息内容安全等。

知识产权类制度和规范的制定可以由人力资源部门、知识产权部门等相关部门会同专业律师一起商讨制定。具体形式可以采用独立的规章制度，也可以选择其中的基本要求和原则（例如，保密规范等）纳入员工手册，作为企业的基本行为规范。

三、培训、激励与考核

（一）知识产权类培训

为了将知识产权融入企业经营管理和企业发展规划之中，提高企业内部的知识产权保护意识，应在企业培训体系中引入知识产权课程内容。

知识产权类培训根据培训对象和培训目的的不同，大体可以划分为以下几种类型：

① 管理层培训。培训内容可以包括：知识产权的国际形势、国家对于发展知识产权的宏观政策、知识产权对于企业经营全局的战略价值和经济价值、企业内部知识产权评估、竞争对手的知识产权分析、相关行业/产业发生的典型知识产权案例等，目的在于让管理层能够了解到知识产权对于企业经营发展的重大意义。

② 新员工的入职培训。培训内容可以包括：知识产权的基本概念、企业中涉及哪些知识产权及其管理制度、申请知识产权对于企业和个人的益处、大致的申请思路和流程、侵犯他人知识产权可能造成的危害等，以便让新入职员工能对知识产权有初步概念。

③ **不同部门的定制培训。**培训内容可以包括：各个部门与知识产权部门之间如何交互与协同工作，例如人力资源部门的入离职管理、财务部门的知识产权财税管理、市场部门的外宣风险、研发部门的专利提案挖掘和信息情报利用等。针对不同部门的培训课程应该定制化开发，根据相关部门的工作内容和兴趣点进行个性化设计。

④ **特定主题的宣贯培训。**培训内容可以包括：保密制度宣贯、软件正版化培训、出国参展人员注意事项培训、知识产权专业工具的使用培训等。

知识产权类培训应该根据企业文化、战略规划、员工意识水平等，与企业内部的其他培训课程一起进行系统性规划，并通过企业制度加以保障。培训可以由人力资源部门的培训专员、受训部门的助理以及知识产权部门共同组织。培训讲师可以邀请企业知识产权部门人员、政府管理部门、外部顾问等一同参与，以增强培训效果。

（二）知识产权激励与创新文化建设

为使知识产权在企业经营过程中持续发挥作用、培育创新文化，可以依靠恰当的知识产权激励机制进行有效保证。

知识产权激励机制具有多种分类维度。一般地，我们可以从以下几个角度进行分类阐述：

① 按照法律规定是否强制，知识产权激励可以分为法律规定

和企业与员工自主约定，其中约定优先。

② 根据激励性质的不同，知识产权激励可以分为物质激励（如奖金、分红、股份等）和精神激励（如专利署名权、专利墙、发明小能手、专利十佳称号等）。

③ 根据知识产权类型的不同，知识产权激励可以分为专利、商标、著作权、技术秘密、集成电路布图设计等激励。

④ 根据激励时间的不同，知识产权激励可以分为申请、授权、运用等不同环节的激励。

⑤ 根据激励对象的不同，知识产权激励可以分为初次尝试激励和后续进阶激励，其中可以适当加强初次激励力度。

综上，企业可以根据自身的经营状况、创新策略和文化基础等因素，考虑适当选择不同的激励方式，以实现当前的知识产权保护战略。

以物质激励为例，在创新文化建立初期，可以增加专利申请时的奖金数额，即提交专利申请即发放一定数额的奖金，以鼓励创新从而增加专利知识产权的产出数量。在一段时间的意识培养之后，可以适当降低专利申请时的奖金比例，转而增加专利授权时的奖金比例，以提升知识产权的产出质量。在知识产权意识深入人心之后，可以适当降低专利奖金的力度，加深专利报酬的概念，以鼓励充分运用授权专利，盘活专利资产，助力企业经营。知识产权奖金的设置应结合员工的工资水平和行业平均额度，既不能过高，以防止大家都怠慢本职工作，也不能过低，以免产生不了足够的牵引力。

（三）对知识产权部门的管理与考核

为了确保企业知识产权战略的实施和具体业务有效开展，可以对知识产权部门进行绩效考核。要对知识产权部门的管理绩效下一个科学的定义很困难，这是因为企业的知识产权工作是一个循序渐进的过程，根据企业发展的水平和阶段、知识产权在企业的定位等的不同，可能会有不同的做法。

下面列举部分考虑因素作为参考：

① 人：内部团队建设情况（如团队组织能力、关键岗位到岗率、团队梯度结构合理性等）、外部资源沟通情况（如外部对企业知识产权工作的认可程度、优质服务机构的签署比例等）。

② 财：预算成本情况（如知识产权各项费用的成本控制、预算决算差异度等）、项目资源情况（如申报和获得各类知识产权项目情况、获得的项目经费和资源支持等）。

③ 物：设施建设情况（如知识产权管理系统、数据库、案例库等工具的购买、建设及使用率等）、规章制度情况（如知识产权类制度的健全程度、更新频率、宣贯情况等）。

此外，还可以从创新文化建设（如知识产权培训）、信息情报利用（如知识产权分析）、资质荣誉获得等其他方面对知识产权部门进行考核。当然，绩效考核只是方法和手段，不断提高企业知识产权管理效率，确保知识产权保护战略落地并随着企业发展变化进行适应性调整，这才是最终目的。

（四）对其他部门的知识产权类考核

知识产权的产生、运用、风险控制及价值实现并非仅由企业知识产权部门单独完成，而是需要各个部门配合共同完成。因此，建立反映知识产权价值来源的综合考核体系对于企业的知识产权工作具有促进作用。

人力资源部门作为企业的人才出入口，可将入职员工的保密协议签订率、对关键岗位的背景调查率、离职知识产权谈话覆盖率、离职员工是否出现泄密情况等作为考核内容。

财务部门作为知识产权的价值货币化窗口，可将利用知识产权进行财税管理、发明人奖励发放、知识产权资产化等作为考核内容。

市场销售部门作为知识产权的运用端，可将知识产权的规范使用、侵权风险的出现频次、品牌价值的打造、创新文化的外宣推广作为考核内容。

研发部门作为创新成果的灵感源地，可将知识产权的提案数量、创新力（技术创新质量）、信息情报利用程度等作为考核内容。此外，为了鼓励知识产权的运用，还可将知识产权成功标准化、规避设计成功率作为研发部门绩效考核的加分项。

生产和供应链部门作为产品交付的重要环节，可将采购过程中的供应商管理、采购发生侵权风险情况、生产过程中的商业秘密管控等作为考核内容。

当然，知识产权的考核也会涉及诸如信息化管理部门等其他部门，可以根据企业的整体考核框架，本着“谁贡献，绩效加分；谁闯祸，绩效减分”的原则，将知识产权适度纳入利益相关部门的考核。此外，在具体实践中，可以根据企业发展阶段的具体需求，调整不同知识产权考核指标的权重，构建更为全面的知识产权考核体系。

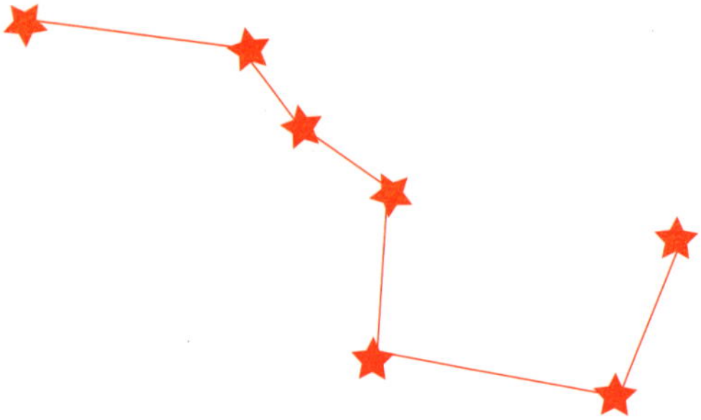

第三章

财 务 管 理

导 读

知识产权与财务的关系，

绝非仅仅在于对预算和诉讼成本的管理，

一个深谙业务需求和知识产权特性的财务管理者，

完全可以且应当将财务管理融入知识产权的方方面面，

使这一重要的无形资产发挥更大的财务价值。

您是否思考过如下问题：

1. 除了花钱，知识产权和财务还有什么关系？
2. 知识产权开销到底是费用还是资本？
3. 专利许可费直接影响公司利润，怎么办？
4. 除了赔钱，知识产权诉讼还会带来其他财务损失吗？
5. 知识产权也可以用来做财税管理吗？
6. 能不能用知识产权来融资？

一、与知识产权保护相关的成本及费用管理

（一）申请各类知识产权所需的成本及费用

申请各类知识产权所需的成本通常包括官方收费及知识产权代理机构收取的服务费两部分。其中，我国官方收费标准可参见表2。

表2 我国官方收费标准（截至2021年12月）

专利					
专利类型	申请费①	公布费	实质审查费②	印花税	小计
发明	900元（标准）	50元	2500元（标准）	5元	3455元
	270元（减70%）		750元（减70%）		1075元
	135元（减85%）		375元（减85%）		565元
实用新型或外观设计	500元（标准）	—	—	5元	505元
	150元（减70%）				155元
	75元（减85%）				80元

商标	
事项	费用
商标新申请	300元/类（纸件申请） 270元/类（电子申请）
商标异议/撤销	500元

续表

著作权登记	
美术作品	300 元
软件著作权	0 元

注：①②上年度企业应纳税所得额低于 100 万元的企业独自作为权利人申请专利的，可享受 85% 的申请费、实质审查费（仅发明专利申请需缴纳）费用减免；两个或以上满足上述条件的企业共同申请专利的，可享受 70% 的申请费、实质审查费（仅发明专利申请需缴纳）费用减免。

需要注意的是：

① 表 2 仅适用于国内申请各类知识产权产生的官方收费。境外各国家（地区）官方费用收取标准差异较大（欧美国家普遍远高于国内），可通过登录目标国家（地区）知识产权管理部门的官方网站或我国海外知识产权信息服务平台智南针网（www. worldip. cn）查询，也可咨询当地知识产权代理机构或与之有业务合作的国内知识产权代理机构获取。

② 表 2 中所列费用中有些无需在递交申请时一次性缴付。企业可咨询知识产权代理机构并结合企业财务策略选择缴付时点。

③ 表 2 的官方收费存在调整的可能。企业应当根据当时有效的收费标准开展相关工作。

除上述官方收费外，申请和维持各类知识产权通常还会产生知识产权代理机构服务费（企业自行完成各类申请的，不会产生这部分费用），而且这部分费用往往远高于官方收费，是财务预算审核的重点。不同地域、不同规模、不同领域、不同资质的代理机构收费标准不一、差异较大。企业应结合自身需求寻找合适的代理机构提供相关服务。

（二）维持各类知识产权所需的成本及费用

专利授权后，须每年缴纳年费，才能维持专利的效力，不缴纳年费的专利将自动失去效力。目前我国专利的年费标准如表 3 所示。

表 3 我国专利年费标准（截至 2021 年 12 月）

专利类型	期间	年费[①]
发明	1～3 年	900 元/年
	4～6 年	1200 元/年
	7～9 年	2000 元/年
	10～12 年	4000 元/年
	13～15 年	6000 元/年
	16～20 年	8000 元/年
实用新型/外观设计	1～3 年	600 元/年
	4～5 年	900 元/年
	6～8 年	1200 元/年
	9～10 年	2000 元/年

注：①上年度企业应纳税所得额低于 100 万元的企业独自作为权利人申请发明专利的，可享受 85% 的年费减免；两个或以上满足上述条件的企业共同申请发明专利的，可分别享受 70% 的年费减免。其中，发明专利满 10 年后，企业不再享受年费减免。

商标授权后，在有效期内无需缴纳额外费用维持其效力，期满后可续展，续展费用为 500 元/类（纸件申请）或 450 元/类（电子申请）。

著作权产生后，在有效期内无需缴纳额外费用维持其效力。

（三）对知识产权申请/备案及维持开销进行费用化或资本化处理的考量因素

根据我国目前的会计准则，知识产权的申请/备案及维持费用既可以费用方式入账，也可以无形资产方式入账。作为费用入账的申请/备案费和维持费是一次性支出，计入企业当期损益，会直接影响企业当年的盈利，但之后不会再扣除；而作为无形资产入账的申请费和维持费则可计入固定资产成本，在之后相当长的时间内逐步折旧摊销，对于报表的影响是持续而相对平稳的。不同类型、不同发展阶段、不同商业模式的企业，可以根据自身需求，对知识产权申请和维持费用采取不同的入账方式，以实现不同的经营与管理目的。

目前的实践中，大部分企业通常将商标、著作权、软件作为无形资产入账，而将专利则作为费用入账。专利的申请往往伴随着企业的研发活动不断发生，从专利申请到专利被授权有一定的时间间隔。如果以无形资产方式入账，企业应随时跟踪专利的授权情况并将该信息通知财务部门，及时将费用转为无形资产入账。另外，专利在获得授权后仍有可能会被放弃、被宣告无效、对外转让或许可。如果将专利作为无形资产入账，财务部门需要根据这些情况，对专利资产报废的时点、摊销的时长、金额及时进行调整。还有一些企业考虑到专利运营的专业性比较强，产生的价值也具有不确定性，财务部门往往出于简便操作、避免报表变动的考虑，不愿意对专利进行资本化处理。

事实上，对保持长期营收、现金流、利润、资产账面价值平稳有强烈需求的企业，可以考虑将专利相关费用资本化，发挥持续的积极作用。比如，需要一定资产账面价值和利润来支持融资或首次公开募股（IPO）的企业，以及对持续稳定充足的现金流有强烈需求的科创企业，可以选择将知识产权相关费用资本化处理。

（四）对知识产权不再维持时的财务处理

知识产权大多具有一定的有效期（商业秘密除外）。在有效期内，企业不再需要某些知识产权时，可以采取放弃、许可、转让、设立公司运营、委托运营等方法加以处置。各类处置方法的操作便宜程度和财务影响有所不同：

① **放弃：**知识产权的放弃最为简单易行，但不会产生收益，反而可能造成亏损，尤其对作为无形资产入账的知识产权而言。

② **许可转让：**知识产权的许可和转让的复杂程度不定。如果对象为关联企业，通常会相对简单（如果涉及上市公司、国有企业等特殊性质的主体，复杂程度则会增加）；如果对象为第三方企业，则需要寻找可能的目标、测算并设计许可费的标准、对交易价格进行谈判等，相对复杂。许可和转让会为企业带来持续或当期收益。

③ **委托运营：**知识产权的委托运营（也即委托他人许可、转让、出资入股等）比较简便，需找到具备知识产权运营能力的服

务机构，签署委托协议，但运营的收益需要和服务机构分享。

④ 独立运营：企业还可以投入费用建立专业的团队对知识产权进行运营。独立运营对团队能力要求较高，操作较为烦琐，但是收益可以全部归属于企业。

选择不同类型知识产权处置方法的考量因素可参见表4。

表4　知识产权处置方法考量因素

知识产权类型	处置方式
商标权	商标有效期为10年。在有效期内，商标权人可以主动申请注销。 商标权授予之后，权利人并不需要缴纳费用来维持商标的效力。主动注销商标权需要对账面的无形资产作出财务处理（在大部分企业内，商标是作为无形资产入账的）。对商标权的处置相对简单，企业一般可以自行完成
著作权	法人或者非法人组织的著作权有效期为50年。在有效期内，权利人可以选择不行使权利，但不能主动注销权利。著作权一旦产生，权利人并不需要缴纳费用来维持著作权的效力
专利权	专利权有效期为20年（发明）、10年（实用新型）或15年（外观设计）。在有效期内，权利人需要支付年费来维持专利的效力，而且专利维持的时间越久，年费就越高。对于专利数量较多的企业而言，年费会成为企业不可忽视的一部分支出。因此，企业应当定期检视存量专利是否还有继续保留的价值。如果没有价值，可以考虑将不再需要的专利权通过许可、转让、设立公司运营、委托运营等方式加以处置。专利的许可、转让的专业和复杂程度高，对于专利存量比较大的企业而言，可以根据自身专业能力和对盈利的需求，考虑自行操作，或委托专门的运营机构来操作
商业秘密	商业秘密不存在有效期一说，只要企业采取有效的保密措施，即可永久保密。如果企业有能力防止商业秘密外泄，可以考虑通过自行或委托他人对外许可的方式处置没有价值的商业秘密，否则可以考虑转让变现

此外，企业也可以考虑利用储备的知识产权获取贷款，在防

范主营业务风险的基础上，还可以解决企业资金问题。具体方法可参见第三章第五节第（五）项。

（五）知识产权诉讼费用的估算

知识产权诉讼主要的费用支出项目包括诉讼费、无效/异议费、调查取证费、律师费等，其金额标准大致可参考表5。

表5 知识产权诉讼主要费用支出项目金额标准

费用类型	费用标准
诉讼费	官方收费，全国统一标准，与诉讼标的额大小有关，可向管辖法院咨询，或网上搜索。通常法院会判决由败诉方最终承担所有诉讼费
无效/异议费	知识产权诉讼往往会伴随着相关知识产权的无效、异议等程序。 这一类程序的官方收费为全国统一标准，可向国家知识产权局咨询，或网上搜索（目前标准为：发明专利无效3000元、实用新型专利及外观设计专利无效1500元、商标无效750元、商标撤销500元）；而服务机构的服务费则没有统一标准，其金额与案件类型、案件影响、案件复杂程度、律师或代理师知名度及资源等有关
调查取证费	如果企业自行完成调查取证，则费用基本只涉及与购买产品、物流、委托公证相关的费用。如果委托外部机构完成调查取证，则会产生服务费或咨询费，这类费用并没有统一的标准，其金额与案件复杂程度、所需时间等有关
律师费	律师费是知识产权诉讼案件中占比最大的费用类别，其金额与案件标的金额、案件类型、案件影响、案件复杂程度、律师知名度及资源、行业惯例等有关。 就国内诉讼而言，通常的律师费收取方式包括：①固定代理费用；②基础代理费用+胜诉（或其他诉讼目标达成）奖励费用。后者一般对于控制成本和促进诉讼目的达成的作用更为明显。 就国外诉讼而言，律师费并无统一标准。针对习惯按小时收费的国外律师，采用全部打包或部分打包与小时付费相结合的报价方式更有利于控制费用。同时，在委托合同中应当明确约定，律师在开展任何付费工作之前均应经过企业书面确认，且应当定期提供详细的对账单，以便企业及时掌握费用进度和金额

（六）作为被告在知识产权诉讼中败诉可能导致的财务损失

知识产权诉讼主要包括侵权纠纷诉讼、权属纠纷诉讼、（许可、转让）合同纠纷诉讼等类型。在任何一类知识产权诉讼中，作为被告败诉都有可能给企业带来巨大的直接和/或间接损失。

1. 败诉判决直接带来的损失

① 停产、停售、停用：在知识产权诉讼中作为被告败诉，绝大多数情况下意味着企业将无法继续使用涉案知识产权，或无法在可承担的成本下继续使用涉案知识产权。这可能造成企业库存产品、原材料、零配件、物料，甚至模具和生产设备的直接报废。

② 给知识产权权利人的赔偿：在知识产权诉讼中作为被告败诉，通常会被判决支付给权利人一定的经济赔偿。近年来，随着知识产权侵权惩罚性赔偿制度逐步落地，知识产权案件的判赔金额逐年提升，巨额赔偿案件屡见不鲜。涉外的知识产权诉讼赔偿金额则更是“天价”。根据统计，2020 年美国法院在 52 件专利诉讼案件中判决支付赔偿金总计 47 亿美元，单案最高赔偿金高达 19 亿美元。

2. 败诉判决间接带来的损失

① 已投入资源的损失：一项产品或服务的开发、生产、销售、投入使用，往往需要耗费大量的人力、物力、财力。一旦被停产、停售、停用，往往会意味着已经投入的这部分资源被“浪费”掉

了，不能为企业带来收入或利润。

② 给上下游的赔偿：当企业的产品或服务被法院认定为侵犯他人知识产权时，将构成对上下游合同的违约，上下游企业解除合同、取消订单、退货等情况往往会随之而来。一旦发生，则意味着企业可能要承担违约金、违约赔偿金等损失或丢失订单。

③ 盈利能力减低：使用涉案知识产权的产品、服务、功能被停产、停售、停用，有时可能会导致企业无法正常经营。例如，设计公司使用的核心设计软件被认定为盗版，企业唯一的产品或服务被判侵权等。

④ 市场份额丢失：对于很多企业而言，产品或服务的停产、停售、停用将带来市场份额的丢失。如果不能及时以新产品替代，会给竞争对手提供机会，需要事后花费大量时间和财力才能重新取得。

⑤ 商誉受损：在知识产权诉讼中作为被告败诉往往会影响企业的声誉，尤其是对上市公司、科技企业、新创企业等。

⑥ 融资机会丧失：对于等待风险投资或 IPO 的企业而言，在知识产权案件中成为被告，往往已经意味着失去了一部分融资或 IPO 的可能，如果败诉，会让情况变得更为恶劣。近年来，因为遭遇知识产权诉讼而无法顺利 IPO 的案例不在少数。

在知识产权诉讼中作为被告败诉可能带来的财务影响远不止上述列出的各点。企业财务部门切忌把败诉损失简单等同于支付给权利人的经济赔偿金。

（七）与知识产权诉讼相关的财务管理注意事项

知识产权诉讼是企业发展过程中较为常见的一类纠纷。企业财务部门应当做好诉前、诉中、诉后的财务风险管控，避免企业和个人承担不必要的风险或损失。

在诉讼发生前，企业应当在日常管理中建立健全企业财务制度，妥善保存财务数据、保管财务资料（包括产品成本、利润、费用、产成品库存、原材料库存、零配件库存、销售时间/数量/金额等），避免账外账，以便在诉讼发生后，能够迅速调取相关数据和资料，对内准确评估诉讼可能带来的经济损失大小，对外依法提供符合诉讼策略的数据。

同时，企业应当谨慎披露各类财务信息。企业可事先咨询外部律师、财务审计公司或其他专业顾问单位，了解国内外知识产权诉讼中普遍需要提供又容易被第三方利用的财务数据和资料的内容与形式，并在日常管理及业务中作出相对应的安排。

此外，为了防范可能的运营风险，企业也可以未雨绸缪，在未发生诉讼时即适当计提费用，或购买知识产权相关保险，用来支付未来可能发生的专利许可费或应对可能发生的纠纷，减少未来知识产权纠纷对企业的影响。

在发生知识产权诉讼时，财务部门不应简单粗暴地拒绝向法庭提供数据。在境外（尤其是美国），不提供与涉案产品和行为相关的财务数据和信息，有可能被认定为藐视法庭，直接导致法院采用对方提供的对本公司不利的证据作出判决。在国内，类似的做法近年来也越来越多地被法院采用。因此，财务部门在诉讼中应当慎重与外部顾问核实探讨具体提供的材料内容。同时，财务部门应当与业务部门共同评估诉讼可能给企业带来的损失，并采取一定措施减少损失及影响。例如：

① 适当计提可能发生的费用，减少诉讼对企业的影响。

② 在诉讼终结前及时处置或转用库存物料和零配件，避免最终败诉后因无法再使用或销售这些物资而遭受损失。

③ 对已经出售到下游的侵权产品，通过合同变更、费用补贴等方式减少支付违约金或违约赔偿。

在诉讼终结后，财务部门应当总结在诉讼中暴露出的财务管理或信息披露方面的瑕疵，并进行有针对性的改进。

二、与知识产权许可费相关的财务成本控制

（一）对不同知识产权许可费支付方式的选取

中小企业在生产经营过程中，往往需要集成创新，有时需要使用他人的知识产权，并支付许可费。不同的知识产权许可费支付方式，给企业带来的财务影响是不同的。而选择什么样的许可费支付方式，所需考虑的不仅仅是许可费的多少，还要结合企业短期及长期财务目标、财务管理水平以及与许可费收支相关的各种税收优惠政策，综合进行考量。

表 6 所示是知识产权许可合同中常见的一些许可费支付方式。

表 6　知识产权许可合同常见许可费支付方式

<table>
<tr><th colspan="2">支付方式</th><th colspan="2">财务影响</th></tr>
<tr><td colspan="2">一次性支付</td><td colspan="2">• 计算简单
• 直接影响被许可方当期损益。如果后续知识产权无法带来合理收益，可能会进一步影响企业报表
• 一次性计入成本，有待后续在产品成本中分摊</td></tr>
<tr><td rowspan="4">分期支付</td><td>固定费率</td><td>• 计算相对简单</td><td rowspan="4">• 对被许可方未来报表的影响不定，会随着业务起伏而浮动
• 被许可方需要披露一部分财务信息给许可方
• 对被许可方的财务管理水平有一定要求
• 计入当期成本</td></tr>
<tr><td>变动费率</td><td>• 可采用逐年递增费率、递减费率、阶梯式费率等，计算比较复杂
• 需要对预期销售数量、销售额、利润等有一定预测能力，才能更好地确定相应费率标准</td></tr>
<tr><td>首付款结合费率</td><td>• 首付款直接影响协议当年被许可方损益，但可获得相对较低的后续费率。可结合企业当期盈利情况及未来盈利预期选择</td></tr>
<tr><td>固定保底费结合费率</td><td>• 无论后续知识产权能否带来收益，保底许可费都会对报表产生影响</td></tr>
</table>

当然，除了上述许可费支付方式之外，企业还可以从商业上考虑其他形式，例如订单置换、交叉许可、股份换许可等。

（二）知识产权许可费的合法转移

除了以上所述自行承担知识产权许可费成本的方式之外，企业还可以通过协议安排，实现由第三方承担许可费的结果。以下是常见的方法：

① 由供应商支付许可费。例如，A 企业是整机生产和销售厂商，其产品需要采购 B 企业可能存在知识产权风险的零部件。A 企业可以通过在合同中让 B 企业提供侵权责任担保的方式，由 B 企业承担侵权赔偿费用或许可费。

② 由生产制造商支付许可费。例如，A 企业是品牌商，B 企业是代工厂，A 企业产品需要使用 C 企业的专利，则 A 企业可以通过与 B 签订直采协议、同时 B 与 C 签订许可协议的方式，实现 A、B 同时获得 C 企业的许可，并由 B 企业向 C 企业支付许可费。

③ 由品牌商支付许可费。与上述案例相反，B 企业也可以借助品牌商的力量，由 A 自行从 C 获取许可，并支付许可费，再由 B 完成代工。

④ 将许可费转移给保险公司。近年来，在国家鼓励企业加强知识产权保护和运用的大背景下，各地政府纷纷鼓励金融机构推出知识产权保险。企业为预防专利风险，可通过事先购买保险的方式，将未来可能产生的知识产权许可费转移给保险公司。

此外，企业也可以采取计提的方式，对于未来可能发生的知识产权许可费提前作出财务安排，将未来的成本或费用“转移”到当期损益中。

（三）向境外支付知识产权相关费用的注意事项

企业向境外支付知识产权相关费用（包括转让费、许可费、服务费等）时，应当注意以下几方面事项：

① 合同备案：依据我国当前的法律法规，知识产权转让、许可、服务等协议的备案并不是合同生效的必备条件。按照银行外汇有关规定，企业如果需要对外支付专利转让费、专利许可费、专利申请费等知识产权服务费用，需由银行按规定对企业备案后，持相关服务合同和发票付汇。如果支付金额超过一定限额，则需要进一步到国家知识产权局等知识产权主管部门进行合同备案。

② 技术进口审查：我国是实行技术进口管制的国家，并非境外的所有技术都可以被引入国内加以使用或实施。商务部会不定期修订发布《中国禁止进口限制进口技术目录》，企业在从境外引进技术前，应当查询该目录以明确相关技术是否属于禁止或限制进口的类型。如果是禁止的，则该技术不得进入中国，企业也无法向境外支付相关知识产权费用。如果是限制的，企业应当按照《技术进出口管理条例》有关规定对外签订技术进口合同，并按规定向国务院外经贸主管部门申请技术进口许可证，申请人凭技术进口许可证办理外汇、银行、税务、海关等相关手续。

③ 外汇管理：我国对境内企业向境外支付实行外汇管制，只有存在真实贸易或某些非贸易关系、并且履行了法定程序的企业才能对外付汇。企业在从境外引进知识产权前，应当与国家外汇管理局或其授权的地方机构确认企业是否被允许对外付汇，并申请相应的审核或备案证明。同样地，这一审核或备案证明也是很多银行同意对外付汇的前置审查文件之一。

④ 代扣代缴义务：根据我国当前的税收管理制度，企业对外

支付知识产权相关费用时，应当为境外收款方代扣代缴所得税、增值税、城建税及教育费附加。如果境外收款方注册国与我国签订了双边税收协定，则税率应该按照税收协定与国内税法规定中较低的税率执行。需要指出的是，境内企业代扣代缴义务的存在，并不意味着这些税款最终必须由境内企业实际承担。境内企业应当在相关知识产权转让、许可、服务等协议中，对于税款的承担主体作出明确约定。

⑤ 避免双重征税：根据我国当前的法律法规，如果企业在从境外引进技术的同时还采购相关产品，则有可能在为对方代扣代缴的同时被征收关税。就此，企业可以在签订相关合同前，咨询海关或专业机构，对合同条款及付费方式、付费时点作出合理约定，避免被双重征税。

三、与知识产权相关的预算管理

通常来讲，企业内与知识产权相关的预算包含六个部分：

① 获得和维持自有知识产权产生的费用，包括知识产权申请、审查、年度维持、到期续展、异议、无效、公告、复审、变更、检索等产生的官方收费和代理机构服务费。

② 购买或使用他人知识产权产生的费用，例如，购买专利和商标的费用、专利/商标许可费、技术服务费等。

③ 与知识产权相关的员工激励费用，主要指对专利发明人的

奖励和报酬。

④ **知识产权管理工具所需费用**，例如，知识产权管理系统的建设及维护费用、商业数据库购买或使用费。

⑤ **知识产权维权和纠纷应对产生的费用**，包括调查取证费、公证费、诉讼费、侵权赔偿等。

⑥ **其他费用**，例如，知识产权相关荣誉称号及资质的申报费用、培训费、差旅费、咨询费等。

其中，对获得和维持自有知识产权产生的费用，财务部门应当结合企业发展战略，本着“以终为始”的思想，与知识产权、法务、采购、业务等部门共同从知识产权的种类、分布、数量、外部服务价格几方面评估费用的合理性，尤其应当考察：

① 预算中拟获取或维持的知识产权种类与企业业务开展和发展需求的一致性。例如，商标、著作权、外观设计专利的维持费用相对较低，能够对企业的品牌、产品外观等产生保护作用；但是对于技术依赖型企业而言，尽管实用新型或发明专利的维持费用相对较高，也需要留出足够的预算。

② 预算中拟获取或维持的知识产权数量和分布与企业战略的一致性。例如，某个计划产出大量专利的产品是否是企业的重点产品，哪些知识产权没有必要再继续付费维持等。

③ 企业获得及维持知识产权所需的外部知识产权服务机构价格和质量的合理性。例如，是否有公开合理的遴选过程、比价方式、质量评估标准、淘汰机制。

就购买或使用他人知识产权所产生的费用而言，财务部门需要考察：

① **真实性：**企业是否对拟购买或使用的第三方知识产权效力进行了评估。例如，出售方或许可方是否有权出售或许可该知识产权，企业所购买或被许可的知识产权是否存在重大的权属争议或被宣告无效的隐患等。

② **合理性：**购买价款、许可费、服务费的计算方式及支付方式是否符合企业利益。

③ **优越性：**企业是否可以通过保险等方式，选择最优路径保证企业的财务收益。

就与知识产权相关的员工奖励及报酬而言，财务部门应当敦促相关部门制订内部规章制度，明确给予奖励和报酬的知识产权类型、金额、发放方式，并根据相关知识产权数量的预测等方式来评估相关奖励和报酬预算的合理性。需要注意的是，根据目前的法律规定，向发明人发放薪酬以外的经济奖励是企业的法定义务，不能免除。

知识产权维权和纠纷应对产生的费用是最难准确预算的一类费用，需要业务部门结合当期可能发生的维权行为和纠纷数量、类型、规模来粗略估计。对于知识产权纠纷较多的企业而言，可以考虑建立外部知识产权及法律服务机构库，采用相对固定的计费标准控制预算。对于已经发生但尚未审结的纠纷而言，可以采用预计负债计提的方式对企业损益作出处理。

此外，财务部门还应当对各类知识产权费用的预算部门或主体作出合理安排，“谁受益，谁预算；谁闯祸，谁预算”是企业较为常见的预算归结方式。但是企业也可以根据更为复杂的财税目的或管理需求，对预算部门或主体作出其他安排。例如，在企业集团内，如果知识产权全部由某个实体持有并统一管理，则可由该实体对知识产权相关费用统一进行预算。

四、财税管理中与知识产权相关的问题

（一）利用知识产权进行税务管理

税务管理是指在纳税行为发生之前，在不违反法律法规的前提下，通过对企业经营、投资等涉税事项作出安排和管理。知识产权除了产生费用和成本之外，是否可以用来帮助企业进行税务管理，帮助企业节约成本呢？这一问题的答案是肯定的。

以下是企业进行税务管理时，可以考虑与知识产权相关的一些内容：

① 利用知识产权基础，依法获得可以享受税收优惠的主体（例如高新技术企业、软件企业等）资质。

② 利用知识产权特定行为的税收减免政策（例如允许将知识产权申请费作为研发费用加计扣除的政策、知识产权许可和转让收入的税收减免政策），对收入、利润等进行调节。

③ 利用知识产权费用化或资本化的财务处理，调节企业盈利。

税务管理对企业的影响深远，需要法律及财务专业人士来完成。在实际操作中，建议企业寻求外部专业顾问的协助。

同时，税务管理本身所涵盖的内容十分庞杂，不仅仅涉及知识产权，更是包含了生产、经营、投资、理财等各个业务环节以及不同税种、不同地域政策法规等多个因素，是一个系统性的工程。财务人员或知识产权管理者不能仅考虑知识产权等某个单一的因素来进行税务管理，而是要通盘考虑企业的经营和财务管理需求，兼顾当前与未来、效率与效果，在合法、可操作的基础上进行综合设计安排，才能实现企业的税收利益最大化。

需要注意的是，税收利益最大化不应被狭义地理解为税负最轻，企业价值最大化等才是税收利益最大化的体现。

（二）高新技术企业评定中与知识产权相关的要求及注意事项

高新技术企业是指在《国家重点支持的高新技术领域》范围内，由全国高新技术企业认定管理工作领导小组（由科技部、财政部、国家税务总局共同组成）认定并授予“高新技术企业”资质的企业。高新技术企业可以享受优惠的企业所得税税率（目前执行税率为15%），具备高新技术企业资质也是争取某些政策性扶持的基本门槛。

企业只有满足一系列前提条件，并且在各项指标评比中累计达到一定分值（目前满分为100分，最低应达到70分），才有可能被评定为高新技术企业。其中，与知识产权相关的条件及评分方法大致如下：

① 企业必须拥有在中国境内授权并维持有效的知识产权，包括发明专利（含国防专利）、植物新品种、国家级农作物品种、国家新药、国家一级中药保护品种、集成电路布图设计专有权、实用新型专利、外观设计专利、软件著作权等。

② 知识产权相关指标所占分值最高（目前为30分），分别从技术先进程度、技术对主要产品（服务）发挥的作用、知识产权数量、知识产权获得方式等方面予以评定。

需要特别注意的是：

① 商标和被他人许可使用的知识产权不能用于高新技术企业认定。

② 同一项知识产权，只能由一个权利人用于申请、维持高新技术企业资质，不能被其他权利人同时用于高新技术企业认定。

③ 自主研发获得的知识产权可以帮助企业获得更高分值，而购买、受赠或并购而来的知识产权只能获得较低评分。

④ 高新技术企业资质并非永久有效（目前法定有效期为3年）。期限届满后，企业须按届时有效的认定标准重新申请认定。企业应随时关注高新技术企业相关政策法规的变化。

⑤ 在高新技术企业资质有效期内，企业应当按时缴纳或支付相关费用，始终维持知识产权；否则有可能丧失资质或无法重新获得认定。

五、筹资管理中与知识产权相关的问题

（一）利用知识产权提升企业私募融资估值

在企业融资阶段，投资人很关心企业的估值，包括企业的营收利润、市盈率等。因此，企业需要将核心竞争力和良好的投资回报可能展现给投资人，而良好的知识产权配置和管理是企业价值的重要体现。

① 知识产权本身是企业的一项重要无形资产，能够提升企业的估值。例如，目前版权价值水涨船高，一些电影和电视剧的版权总价已经高达几十亿元；商誉、核心技术的价值也不断凸显。

② 知识产权可以作价入股。初创企业通常会贡献技术，如果能把技术转化为知识产权，或者把自有品牌转化为知识产权，则可以利用知识产权的形式作价入股。通过知识产权的配置达到一个合理估值，可以减少初创企业原始资金投入。

③ 知识产权也可以体现为企业的核心竞争力，改变企业的商业模式，成为销售的重要动力。这种核心竞争力能增强投资人的信心。例如，科技创新企业如果拥有高质量的专利布局，代表了对核心技术的控制力，体现了企业未来对市场的占有率，如果其他竞争对手用到了企业的核心技术，企业就可以通过专利获得许可费；企业的品牌价值，也可以通过品牌授权给贴牌或代工生产企业，或通过品牌加盟店的方式，来不断为企业创造更高的价值。

这些都可以在融资过程中帮助企业提升估值。

（二）首次公开募股（IPO）对知识产权信息披露的要求

根据《首次公开发行股票并上市管理办法》的规定，“发行人依法披露的信息，必须真实、准确、完整，不得有虚假记载、误导性陈述或者重大遗漏”。其中，知识产权信息直接影响企业的核心竞争力和独立持续经营能力，如果披露过程存在重大不当，或者由于未披露知识产权相关诉讼，导致企业的持续经营能力受到影响，则有可能最终导致上市终止。因此，知识产权信息的披露是需要高度重视的一项工作。

知识产权信息相对于其他经营信息具有更强的专业性和复杂性。具体而言，需要在招股说明书中：

① 准确披露各项知识产权，如专利、商标、著作权、域名等的数量、权属、取得方式、法律状态、技术关联度等内容。

② 对知识产权的来源、到期日、权利丧失风险等作一定的披露。尤其是需要披露主要产品或服务的核心技术及技术来源，对核心技术是否取得了专利权或采取了其他技术保护措施，以及核心技术是否具有稳定的专利保护支撑或者完善的商业秘密保护措施。

③ 如果核心技术为委托研发或合作研发，则应披露委托或合作协议的主要内容、权利义务划分约定、采取的保密措施等，以体现企业对核心技术的控制权。

④ 如果有涉及知识产权的诉讼信息，也应该及时披露。

此后，在初审会、发审会的答复意见环节，如果知识产权信息发生变化，则需要及时更新。准确全面地披露这些信息能帮助投资人作出合理判断。对于拟在科创板上市的企业，以信息披露为中心的注册制对企业知识产权工作的规范性、系统性、科学性提出了更高的要求，企业应该格外关注，避免因为信息披露不当导致上市进程的拖延或终止。

（三）科创板对知识产权的相关要求

不同于主板、创业板对企业营收利润有较高的要求，科创板企业的定位为拥有关键核心技术、科技创新能力突出、主要依靠核心技术开展生产经营的企业。由于核心技术的独立性和可持续性与公司知识产权保护体系密切相关，因此知识产权问题也成为科创板上市审核中被关注的焦点之一。

通常来讲，科创板上市审核会重点审查以下与知识产权相关的内容：

① 知识产权管理水平：审核机构通常会通过问询函的方式关注拟上市企业的知识产权管理水平，包括企业的知识产权管理制度和体系、核心技术及知识产权与主营业务的结合、核心技术人员的认定标准等。这就需要企业在上市申请前完成各种制度、流程、组织架构的建设，并实际运行一段时间，形成一定种类和数量的与主营业务相关的知识产权积累，以证明这些制度足以支持

主营业务的开展，并有助于形成核心竞争力。

② 专利情况：证监会《科创属性评价指引（试行）》中明确规定了科创板拟上市企业的专利量化指标，要求企业在申请时已经获得 5 项以上的发明专利，而且这些专利是主营业务收入的来源。由于发明专利从申请到授权、到实际应用创造收入需要相当长的时间，拟申请科创板上市的企业应当提前筹划主营业务的专利申请。

③ 核心技术的控制权：核心技术涉及的知识产权应不存在重大权属纠纷，核心技术的来源和保护措施是重点关注点。如果属于自研，最好有稳定的专利保护支撑或者商业秘密保护措施；如果属于委托研发或合作研发，则委托开发/合作协议应该能保证企业对核心技术的控制权或使用权；对于许可使用的技术，技术专利许可或授权应当具有一定排他性，足够维持企业的竞争优势。

④ 知识产权风险：近年来，因发生知识产权诉讼而止步 IPO 的企业不在少数。合作研发中的知识产权风险、知识产权纠纷等是上市审核必然被关注的要点。为此，企业应当提前做好自查，核实主营业务所需的商标、域名是否已经注册，是否存在被争议的可能，主营业务产品是否存在侵犯他人专利权的情况，是否存在任何尚未解决的知识产权纠纷等。这不仅能够帮助企业顺利通过上市审核完成融资，还能帮助企业避免在上市阶段被“趁火打劫敲竹杠”，遭受不必要的经济损失。

（四）拟上市企业对知识产权诉讼风险的财务安排

近年来，企业因在 IPO 阶段遭遇知识产权诉讼而折戟的例子屡见不鲜。不仅竞争对手，非专利实施实体（non－practicing entities，NPE，指虽拥有专利权但本身并不实施的主体）也可能会通过发起诉讼试图阻止企业上市或“分一杯羹”，如果处理不当可能会使得上市进程暂缓或终止。因此，企业需要在 IPO 前对上市中的知识产权诉讼及风险尽早规划与安排。

具体实践中，遭遇诉讼后快速获得初步结果（如获得不侵权的一审判决，双方达成和解撤诉等），是避免未决诉讼影响企业上市进程最直接的方式。然而，由于诉讼周期长或原告方刻意干扰上市进程等因素，企业需要采取足够的措施来预防潜在诉讼或许可风险对发行人的影响。例如，提前计提潜在诉讼的各项损失（败诉赔偿款项、销毁半成品及库存品等）；提前计提可能产生的许可费用；重大诉讼可以由股东承诺承担相关的赔偿及诉讼费用，以减少对财务报表的冲击，保证涉及的知识产权风险不会对发行人的持续盈利能力造成影响。企业还可主动通过采购、获得许可、规避设计等方式降低相应风险。

（五）利用知识产权质押等手段获取融资

近年来，知识产权质押融资和知识产权证券化作为金融支持实体经济的创新手段，越来越受到企业的广泛关注。

①知识产权质押融资，是指权利人以合法拥有的知识产权经价值评估后作为质押物从银行获得贷款的一种融资方式。

利用知识产权质押融资获取贷款，首先需要由专业的评估机构对企业专利权、商标权、著作权等知识产权进行评估。然后，需要向银行提交质押贷款书面申请，银行根据企业的信用评级以及知识产权估值，按照银行的贷款规定进行审核。如果可以质押，企业还需到知识产权管理部门办理知识产权质押登记手续。知识产权作为特殊的无形资产，其技术专业性易引起评估难、权利维护难等问题，造成银行难以仅凭借知识产权核批贷款。目前，我国不断加大政策鼓励和支持力度，不仅出台了贷款贴息政策，而且对于质押登记费用和评估费用也提供补贴，企业可以利用这些政策来拓宽融资渠道。在选择用于质押融资的知识产权的时候，企业应当选择权利稳定、价值较高、期限较长的知识产权。如果知识产权已经获得了商业化效益，例如有许可、诉讼获赔的记录，必要的时候提供担保，更有利于获得银行批贷。获得融资后，企业还需要维护好相应的知识产权，及时缴纳年费或续展，避免权利失效或被宣告无效，否则可能影响质押合同的执行。

②知识产权证券化，是指以知识产权未来持续稳定的现金流收益为支撑，通过发行交易市场流通证券进行融资的一种融资方式。

知识产权证券化作为一种债权融资方式，企业不需要转让知识产权的所有权，只需放弃未来一段时间内知识产权的许可使用收费权。企业要通过知识产权证券化获得融资，首先需要聘请专业的评估机构对企业专利权、商标权、著作权等知识产权进行评估，预期未来一定期限的许可使用费价值。然后，把权利人的许可使用收费权转让给以资产证券化为唯一目的的特设机构（special purpose vehicle，SPV）。SPV 聘请信用评级机构进行（asset – backed securities，ABS，资产支持证券）发行之前的内部信用评级，根据评级结果和权利人的融资要求，采用相应的信用增级技术，提高 ABS 的信用级别。接着，SPV 向投资者发行 ABS，以发行收入向知识产权权利人支付知识产权未来许可使用收费权的购买价款。权利人收到许可费后就存入 SPV 指定的收款账户，由托管人负责管理。

知识产权证券化产品实例[1]

2020 年 3 月 25 日，深圳市第二个知识产权证券化产品——南山区 – 中山证券 – 高新投知识产权证券化产品发行仪式举行，首期 12 家为抗疫做出重要贡献的企业入池，储架整体规模 10 亿元，首期发行规模 3.2 亿元。该产品系深交所发行的深圳市南山区首单知识产权证券化产品，企业实际融资成本只有 2.98%/年。2020 年 6 月，某公司凭借十多张实用新型专利证书，获得了最高 1000 万元的贷款资质，帮助企业缓解了融资难题，助推了企业疫情后复工复产。

知识产权质押通常用于短期融资，而知识产权证券化以知识

---

[1] http：//inanshan. sznews. com/content/2020 – 03/25/content _22998454. htm；http：//sipa. sh. gov. cn/gzdt/20200616/133843569e0 24fa89b9bc80153a1b080. html.

产权信用为担保，其基础资产其实是知识产权衍生的债权资产，然后被打包并设计为 ABS 产品，适用于相对长期的融资。

企业可以根据实际需要选择合适的方式进行融资。

六、对外投资管理中与知识产权相关的问题

（一）对外投资管理中的知识产权尽职调查

尽职调查，是指在企业投资并购时，对目标企业某一方面现状及潜在风险进行的一系列调查，是买方或投资方进行项目风险管理的重要手段。一旦在尽职调查中发现重大瑕疵或风险，买方或投资方可以决定是否继续并购该项目，也可以与卖方就风险的承担进行谈判，并将承担方案体现在交易合同条款或交易价格中。

知识产权尽职调查，是基于特定目的专门针对目标企业的知识产权状况所做的一类调查。近年来，在科技类企业、高新技术企业、医药企业以及以得到目标企业的品牌、技术及掌握这些技术和知识产权的研发人员为目的的并购项目中，知识产权尽职调查是至关重要的交易谈判前置工作。在其他类型的并购项目中，知识产权尽职调查也越来越多地被企业所采用。

知识产权尽职调查的主要内容有：

① 梳理目标企业的知识产权现状（包括知识产权类型、内容、法律状态、来源等），分析目标企业的知识产权与其主营业务的关联性是否足够支持目标企业当前以及被并购后的经营目的。例如，

目标企业的核心技术是否有专利保护；目标企业是否拥有其经营必需的商标；目标企业的知识产权是否是从第三方许可而来；目标企业的知识产权是否被抵押、许可给了他人；目标企业的知识产权是否能和本企业有效融合或互补等。

② 分析是否存在知识产权法律风险。例如，目标企业的核心技术是否存在侵犯他人知识产权的风险，是否存在权属争议；目标企业的知识产权是否存在被宣告无效/异议或撤销等不稳定因素等。

知识产权尽职调查是一项专业性强、复杂程度高的工作，至少需要法律、知识产权、技术三方面专业人员共同完成。根据项目的复杂程度，还有可能需要行业专家、审计人员参与。同时，知识产权尽职调查也是一项非常耗时的工作，企业应当在并购谈判前，预留充分的时间完成知识产权尽职调查。

此外，知识产权尽职调查势必会导致调查方获知被调查方的某些重要信息及商业秘密。为此，双方应当事先签署保密协议，同时调查方应当在尽职调查过程中控制获取信息的人员范围、使用目的，并做好相关文件的保密管控，以免因侵犯对方商业秘密而产生纠纷。在调查和被调查双方有业务或产品重合的情况下，调查方则应当提前对自身相关知识产权进行申请和保护，以免在尽职调查完成后，因无法证明自身的知识产权与尽职调查无关，引发双方的知识产权权属争议或侵权纠纷。

（二）对外投资中对目标企业知识产权进行估值的方法

在投资并购项目中，对目标企业的知识产权进行估值非常重要，有可能直接影响整个交易的成败。因此，这个工作通常并不是由企业内部财务部门完成的，而是由专业的评估机构来进行。

知识产权的估值方法有很多，常用的有成本法、市场比较法、收益法、期权法等。其中，成本法通过计算自行设计、开发取得或从外部收购获得知识产权的成本来进行估值；市场比较法通过比较其他类似企业就合理的、类似的知识产权所支付的价格，来确定知识产权的价值；收益法则是通过计算目标知识产权在其生命周期中预期可产生的未来现金流的现时价值来进行估值。

每一种方法都有其优点和局限性，并可进一步细分为多种更具体的评估方法。企业应当充分与评估机构沟通，选择更为恰当的估值方法。当然，无论选择何种估值方法，都不可能做到百分之百的客观真实，最终都不可避免地加入很多主观评判因素。因此，最为审慎的估值方法是将多种方法计算出的估值结果进行比较、交叉核对，然后再给出综合结论。无论采用何种评估方法，企业都应当牢记：估值的基本原则是“产生高利润的能力越强，价值就越高”。

需要注意的是，知识产权的估值与并购最终的交易价格并不能画等号。交易价格还要受诸多因素的影响，例如目标企业所处的行业地位、资产的综合价值、对买方未来业务发展的影响、并购双方在并购中所处的地位、产权市场的供求关系等。尽管如此，对知识产权进行合理的估值，仍然是一个并购项目得以成功的必要前提。

（三）对外投资中处置目标企业知识产权的方法

知识产权尽职调查或类似的摸排工作完成后，企业需要考虑如何处置目标企业的知识产权。以下是可供参考的大致思路：

① 对于存在重大法律瑕疵或风险的知识产权，例如，权属应当归于第三方的知识产权、被第三方提出宣告无效或异议且失败概率很大的知识产权等，可以考虑直接从并购资产包中剥离，降低交易价格，避免未来不必要的费用支出和风险，例如维持费、解决纠纷的费用等。

② 对于与并购后经营目标不相符或未来利用价值或可能性不高的知识产权，例如，与企业未来业务不相关的技术专利、产品副标、剩余有效期不长的专利等，既可以直接从并购资产包中剥离，降低交易价格及企业未来的费用与成本，也可以在打包价格合理的情况下纳入并购资产包，并在并购后对外转让、许可，实现资产增值。

③ 对于符合并购后经营目标、有利用价值的知识产权，应当将其纳入并购资产包，并对其合理估值作价。

④ 对于纳入并购资产包的知识产权，企业可以将其融入自身原有的知识产权池，一并实施（制造专利产品、利用品牌提供服务等）、运用（许可、转让、质押融资、作为参评申报项目或荣誉的基础等）和管理（布局、维护、延展、维权等），也可以独立出来，甚至是设立独立的企业加以运营。

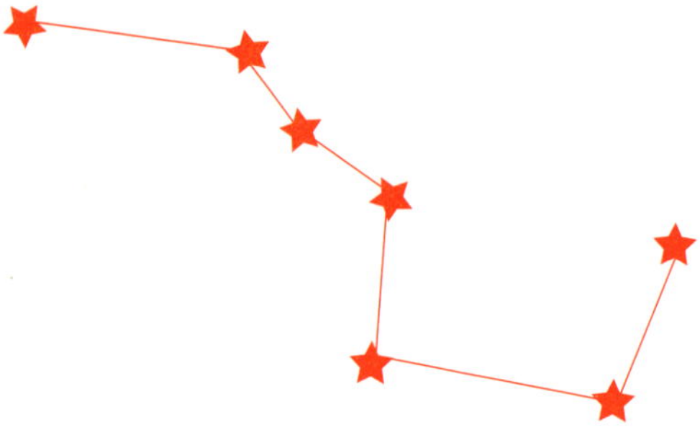

第四章

市 场 营 销

导　读

市场营销是企业获取销售收入的关键环节，
收益最大化是营销人始终追求的目标，
不要让风险敞口影响了投入产出比，
如能提前考虑知识产权风险因素，
市场营销方案将会更加稳健。

您是否思考过如下问题：

1. 面对全球巨头的专利丛林，企业如何在境外选择营销市场？

2. 面对平行出口的串货顽疾，企业如何规范境内境外代理商的行为？

3. 为完成销售目标，企业如何转移知识产权风险？

4. 为避免商标侵权，企业如何确定产品的品牌？

5. 为规避招标风险，企业如何为售前人员进行知识产权培训？

一、市场营销机会确定

（一）针对目标市场的知识产权环境扫描

企业在不同的发展阶段会制定不同的目标市场策略。当企业开始从单一市场策略向专业市场策略或复合市场策略转型时，需要面临如何选择目标市场的问题。在评估遴选目标市场时，除了需要考虑企业自身的产品、资源和客户优势，还有必要对目标市场的知识产权环境开展扫描。

如果在选择目标市场阶段忽略了知识产权环境扫描，可能导致企业在投入大量市场费用后突然收到来自同领域竞争者、非专利实施实体甚至该国家（地区）政府以知识产权为由的阻挠，打乱市场营销节奏，大幅提升营销成本。

一般来讲，如果企业提供的产品或服务具有创新性，可以考虑司法体系相对完善的市场，利用知识产权提升竞争门槛。如果企业提供的产品或服务处于知识产权密集型行业，在进入司法体系成熟市场前，需要慎重评估知识产权方面存在的风险，并据此合理选择营销策略。例如，美国得克萨斯州东区法院经常在知识产权纠纷案件中判出天价赔偿额，NPE尤其喜欢在该法院发起诉讼。因此，为了避免被卷入知识产权纠纷带来的不确定性，很多电子类企业的市场营销会选择避开该地。

市场部门一般是扫描目标市场知识产权环境的责任部门，法务或知识产权部门可作为协同部门给予专业支持。知识产权环境扫描的内容包括但不限于目标市场所在地的：

- 知识产权法律法规；
- 司法部门架构和裁判倾向；
- 行政部门架构和执法环境；
- 知识产权主流媒体；
- 知识产权社会舆论环境；
- 与企业所提供产品或服务相同或相近领域的知识产权纠纷；
- 企业进入目标市场的品牌安全度（商标或域名抢注情况）；
- 专利侵权可能性；
- 潜在供应商知识产权侵权和风险担保能力；
- 目标市场知识产权奖励政策；
- 外部风险专利与本企业所提供产品或服务的对应关系。

知识产权环境扫描通常可以通过文献或数据库检索、营销渠道寻访和书面反馈、客户资源寻访和书面反馈、熟悉行政或司法渠道、在目标市场采购专业咨询服务或报告等途径开展。

对开展此类工作的内部管理建议：市场部门应当明确知识产

权环境扫描的职责；法务或知识产权部门提供专业支持；充分利用市场情报搜集渠道；在确定目标市场阶段将知识产权环境扫描作为决定指标之一。

（二）针对竞争对手的知识产权情况扫描

除了知识产权环境，企业还应当关注竞争对手在目标市场的知识产权情况。通过扫描竞争对手在目标市场的知识产权情况，可以了解竞争对手的产品布局概况、业务策略概况、知识产权维权意愿和维权能力、“竞争弹药”储备情况等。在掌握上述信息后，可以有针对性地制定本企业在目标市场中的市场营销策略。

针对目标市场开展竞争对手知识产权情况扫描，主要目的是评估进入目标市场后的竞争形势。事前功课如果准备不足，或缺少有效的应急预案，在市场营销活动启动后，一旦遇到竞争对手运用知识产权有针对性地发起诉讼、索要许可费等，极易在竞争中处于劣势，甚至产生负面市场舆情，影响企业的正常市场营销活动。

市场部门是扫描竞争对手知识产权情况的责任部门，法务或知识产权部门可作为协同部门给予专业支持。对目标市场中竞争对手知识产权情况扫描的主要内容包括竞争对手的：

- 在目标市场的知识产权团队情况；
- 在目标市场的法律供应商情况；

- 在目标市场的与本企业所提供产品或服务相关的知识产权布局情况；
- 在目标市场的过往进行知识产权维权的情况；
- 产品清单；
- 业务策略；
- 已上市产品或服务的知识产权布局情况；
- 过往发生知识产权侵权的情况；
- 专利与本企业所提供产品或服务的对应关系。

对竞争对手知识产权情况的扫描通常可以通过文献或数据库检索、参加行业会议和竞品产品发布会、购买竞品开展研究、营销渠道寻访和书面反馈、客户资源寻访和书面反馈、在目标市场采购专业咨询服务或报告等途径开展。

对开展此类工作的内部管理建议：市场部门应当明确竞争对手知识产权情况扫描的职责，法务或知识产权部门提供专业支持；除了评估产品差异化定位、产品竞争优势等，还应将竞争对手的知识产权情况作为制定市场营销策略的评估指标。

二、市场宣传活动的合规风控

（一）品牌命名和商标布局

品牌属于营销概念，是指企业为便于用户对产品、服务形成认知而专门策划的名称或标识。商标属于法律范畴，是指用来区别一个经营者的商品或服务与其他经营者的商品或服务的标记。实践过程中，商标往往是基于品牌进行商标专用权注册从而受到法律保护的权利。

在目标市场进行品牌命名是一件重要性极高且专业性极强的工作，企业需要谨慎对待。品牌命名的好坏，除了影响企业所提供的产品或者服务在市场营销中的易识别性和易推广性，还会关系到是否存在商标侵权的风险、是否有较高的商标注册成功机会、是否利于后续打假维权、是否易产生民族/文化/语言冲突、是否可以注册相同读音或相同含义的域名等。

1. 品牌命名前应开展商标风险评估

为品牌命名开展商标风险评估，主要是评估备选品牌在目标市场的商标注册前景，同时评估备选品牌在目标市场使用的侵权风险。评估中如果发现在先近似商标，企业应及时选择风险更低的备选品牌，或者启动对在先近似商标的收购。

品牌命名前如果不评估商标侵权风险，可能导致企业在风险品牌上过度投入市场经费；一旦风险转化为危机，企业的前期投入瞬间化为乌有，使企业蒙受重大损失。反之，如果品牌命名风控到位，亦可以有效控制企业市场费用或达成业务目标。

品牌名称的成功更换

2003年前后，某集团大力进军全球市场，为了规避海外市场中原有英文品牌存在的商标侵权风险，启用全新英文品牌并在全球范围内注册商标。虽然这一更换品牌的动作在短期内花费了大量市场费用，但也为该集团后续十几年的海外市场扩张铺平了道路。

2. 品牌命名后应开展商标保护布局

由于商标权具有严格的地域性，在单个国家取得的商标权利只能在该国区域内获得保护，并且商标包括45个注册用商品/服务分类。因此，出于成本控制的考虑，开展商标保护布局时，需要决策在哪些国家/地区以及在哪些商品/服务分类上进行商标注册。通常来讲，越是重要的品牌，围绕其进行商标注册所投入的费用越高，对应覆盖的商品/服务品类越多。

3. 构建品牌体系

企业应当建立针对目标市场的品牌体系。例如，确定由主品牌、一级子品牌、二级子品牌等组成的架构图谱，对不同层次的品牌，制定相适应的商标覆盖范围注册要求。在品牌命名工作启动后，首先应明确该品牌在目标市场品牌体系中的层次定位，然后按照相应的商标覆盖范围注册要求进行实操落地。

对于药品而言，如果需要在包装上使用商标，必须是注册商标。以我国为例，由于商标法并未限制将他人的药品商品名作为商标申请注册，因此可能产生企业的药品商品名被他人抢注商标的情况。因此，医药企业欲将某一名称作为药品商品名，应在向药品行政主管部门申报使用之前，先针对该名称进行检索，经检索认为具有核准注册可能性的，应首先向国家知识产权局提出商标注册申请。由于商标从注册到批准需要一定的时间，所以建议商标注册工作应早于向药品行政主管部门申报药品商品名。

对开展此类工作的内部管理建议：企业成立品牌管理委员会（通常由市场部门、法务或知识产权部门和设计部门共同组成），负责制定企业品牌体系、品牌使用规范和商标覆盖范围注册要求；企业任何新品牌的命名均须经过品牌管理委员会的评估和审批；法务或知识产权部门负责根据品牌定位和商标覆盖范围注册要求及时开展商标保护布局。

（二）对口号（Slogan）的知识产权保护

Slogan 意为口号。在市场宣传活动中 Slogan 是一种较长时期内反复使用的特定商业用语，其目的是强化用户对企业提供的产品或服务形成的记忆和认知。在鞋帽服饰、快消品、文化娱乐等行业，Slogan 的商业价值不亚于品牌，有必要对其开展知识产权保护。

Slogan 往往是一句描述性语句，不排除有时可以被设计得富有显著性，例如李宁公司的“一切皆有可能”“Anything is possible”，在此种情形下可以通过注册商标权予以保护。但是，更常遇到的情形是 Slogan 的显著性不足，用商标权保护存在较大的被驳回风险。为防止 Slogan 被第三方侵权使用在广告宣传、包装设计等载体上，企业可以考虑通过登记著作权予以保护。即便 Slogan 有机会被注册为商标，但由于商标的注册周期较长，如果企业期望能在产品或服务投入市场后、而商标证书未拿到期间启动打假维权，同样可以将 Slogan 的设计图样作为美术作品进行著作权登记，从而在未获得商标权的阶段，利用著作权对假冒行为开展维权。

对开展此类工作的内部管理建议：企业对外进行 Slogan 的发布、广告、印刷、对外授权、衍生品制造等商业活动前，应由法务或知识产权部门进行评估并制定适合的知识产权保护策略。同时，注意保存 Slogan 的使用证据。

（三）广告宣传和包装设计的知识产权合规使用

在企业市场营销活动中，广告宣传和包装设计对于产品或服务的推广必不可少。好的广告和包装有助于提高产品知名度、树立企业形象，为企业带来更大收益。但企业在广告宣传和包装设计时，可能会触及擅自使用未经权利人授权的字体、图片、音视频、软件等知识产权“雷区”。

内部设计人员或者外部设计供应商可能有意或无意地在互联网中下载设计素材或者设计软件，致使企业后续收到版权方发来的法务函或者商洽函，甚至被版权方诉讼侵权，最终因为知识产权的不合规使用而增加不必要的采购成本。例如，很多企业可能收到过来自图片公司的法务函，要求对使用其图片的侵权行为进行赔偿——解决这种纠纷的走向往往是达成更大范围的图库采购合作。

广告宣传和包装设计中不合规使用知识产权的常见情况包括：

① 未经授权擅自使用网络图片作为素材。

② 未经授权擅自使用影视剧、音乐等作为素材。

③ 未经授权对影视剧、音乐进行二次创作并作为素材。

④ 擅自使用他人的注册商标，或者将企业注册商标进行变形和更改，造成和他人的注册商标相同或者近似的视觉效果。

⑤ 直接挪用或者简单变更他人的广告宣传语。

⑥ 未经授权擅自使用自由下载的字体字库作为素材。

⑦ 未经授权擅自使用自由下载的软件作为设计工具。

广告宣传和包装设计中还应当注意专利标识的规范使用问题。当企业希望突出产品、服务的技术领先性或产品独特性时，有时会考虑在广告宣传和包装设计中加入与专利有关的标识和说明。规范使用要点在于：

① 广告中涉及专利产品或者专利方法的，应当标明专利号和专利类型。

② 未取得专利权的，不得在广告中谎称取得专利权。

③ 禁止使用未授予专利权的专利申请和已经终止、被撤销、被宣告无效的专利做广告。

对开展此类工作的内部管理建议：按年度调研设计部门的需

求，对在广告宣传和包装设计中所需的必要的设计素材和设计工具主动开展采购；制订企业内部设计素材或设计工具使用指引，并推动落地；有条件的企业可以通过技术（IT）部门对个人计算机安装外部软件进行权限控制和定期扫描；法务或知识产权部门定期为设计部门开展培训，提升员工知识产权合规意识；企业开展广告宣传和包装设计工作时，应将宣推物料同步给法务或知识产权部门进行审核。

三、售前活动的合规风控

（一）售前活动中的知识产权准备

售前活动是指在销售协议达成前，售前工程师或销售人员以达成正式合作为目的，与潜在客户进行的需求对接、产品方案介绍、合作方案讨论、商务磋商等一系列活动。售前活动中隐藏着诸多与知识产权有关的技巧和风险，知识产权部门需要做好售前活动准备的支持工作。

在与客户交流过程中，可能涉及诸多披露本企业知识产权信息的场景。常见的几种风险情形是：

① 企业具备较好的知识产权工作基础，但是售前工程师或者销售人员对这些信息掌握不准确，无法加以利用形成针对竞争对手的局部优势。

② 售前工程师或者销售人员披露的知识产权信息不准确，在投标环节被竞争对手质疑，导致销售目的无法达成。

③ 售前工程师或者销售人员无意中向客户泄露了未公开的企业知识产权信息，间接向竞争对手透露了技术情报。

④ 售前工程师或者销售人员在与客户交流过程中，私自代表企业作出与知识产权有关的承诺，为后续签署销售协议时争取知识产权权益留下隐患。

对开展此类工作的内部管理建议：

① 为规范售前活动，企业应提前拟定保密协议范本，在与客户进行实质性接触前，规定售前工程师或销售人员务必与客户签署保密协议。

② 知识产权部门人员务必作为讲师参与售前工程师或销售人员的售前培训，并参与制作售前培训手册。在售前培训和培训手册中，应当向售前工程师或销售人员宣导企业的知识产权布局状况、与竞争对手之间的优劣势，应当要求售前工程师或销售人员在与客户沟通过程中不可私自作出任何与知识产权有关的承诺，并提前制定面向客户的回复方案。

③ 知识产权部门应当定期准备，并向售前工程师或销售人员提供可对外界披露的企业知识产权工作介绍和知识产权清单。

对于药品企业而言，要特别注意防范向陌生客户提供原料药或制剂样品时潜在的侵权风险，特别是针对仍处于专利保护期内的产品。我国有“试验例外”制度，2020 年修正后的《专利法》

第 75 条第 5 项规定："为提供行政审批所需要的信息，制造、使用、进口专利药品或者专利医疗器械的，以及专门为其制造、进口专利药品或者专利医疗器械的"行为不视为侵犯专利权。因此，提供的尚在专利保护期内的产品样品，应确保使用目的限定在"研究和申报注册"的范畴内，避免被认定为"许诺销售"而惹上侵权官司。

（二）营销知识产权风险防范

在确定的目标市场中，如果不能准确判定企业提供的产品或服务是否存在知识产权瑕疵，也可以考虑采取一些风险防范措施。例如，企业可以选择已经明确获得知识产权授权的上游厂商作为供应链合作伙伴。特别是涉及跨国（境）交易时，作为买方的企业，应在交易中事先明确侵权责任承担方式，重点关注对知识产权侵权风险的防范。

此外，目前越来越多的知识产权金融产品已经出现。企业也可选择提前购买专利侵权责任保险产品，预先支付保费，一旦发生意外损失，可以获得保险补偿。

（三）构建知识产权动态监视机制

知识产权风险是动态的，会随着新知识产权的披露和外部风险事件的发生而变化。特别对于研发周期长的行业，例如生物医药、精密制造等行业。虽然企业在目标市场确定阶段做过有针对性的知识产权状况扫描，但随着市场营销活动的发展，有必要动态构建知识产权监视机制，及时获取和掌握最新发生的知识产权风险动态。

知识产权动态监视的对象主要是目标市场的知识产权环境状况和竞争对手的知识产权动态，这和目标市场确定阶段所做的知识产权扫描工作内容并无实质区别。

此阶段重点应关注：

① 建立怎样的周期性监视机制；以及

② 将知识产权风险动态以何种形式、何种渠道及时知会市场、产品、生产、销售等风险相关部门。

对开展此类工作的内部管理建议：明确法务或知识产权部门为动态构建知识产权监视机制的责任部门；主动搜集以及汇总其他部门上报的知识产权风险动态信息；形成知识产权风险监视结果展示载体；建立知识产权风险上报和同步机制；监督为应对知识产权风险变化而进行的市场营销策略调整和方案落地。

（四）地域合规与多重合规

1. 地域合规

知识产权具有地域性，权利效力受地域限制，仅在某一国家获得的知识产权没有域外效力，其他国家对这种权利没有保护的义务，这些国家的任何人均可在其境内自由使用该知识产权。

权利人如想在目标市场所在国家（地区）得到有效的知识产权保护，首先需要按照该国（地区）法律规定获得知识产权（通常经审查批准或登记注册）。由于各国（地区）的知识产权法律制度体系不甚相同，知识产权审批登记、审查标准和实践等有所差异，例如企业就同一技术方案在不同国家（地区）提交专利申请，最终可能会获得保护范围不同的权利，甚至出现一国（地区）授权、另一国（地区）驳回的相关结果。因此，应对目标市场所在国家（地区）的知识产权法律法规和审查实践情况予以跟踪关注，在规则范围内争取符合企业利益最大化的知识产权保护。

2. 多重合规

除了知识产权合规风控外，企业在市场营销时还应关注反垄断、反不正当竞争等法律规定，遵守规则、合法有序竞争；在市场宣传推广时关注广告法等法律规定，避免因蹭热点而引发违法行为的发生，对企业经营造成重大不良影响。

“纪念中国共产党成立100周年特别款”腕表违法广告案

某公司于2021年1月发布一款北京牌“纪念中国共产党成立100周年特别款”腕表，该款腕表表底盖上标注“纪念中国共产党成立100周年特别版 北京”字样。当事人通过企业官方网站以及京东、天猫电商平台发布广告对两款腕表进行营销宣传，使用“为铭记这辉煌奋进的一百年，推出百年伟业特别款腕表”“历经百年已成时代巨擘；推出百年红船特别款腕表”等用语，违反《中华人民共和国广告法》相关规定。4月30日，相关地方市场监管局依法对当事人作出罚款60万元的行政处罚。

四、销售活动的合规风控

（一）销售协议中的知识产权相关条款

销售行为通常以双方磋商贯穿始终，签署销售协议标志着双方磋商的结束。签署销售协议的意义是将双方在磋商中约定的权利和义务落实成有法律效力的文书。为保障企业在销售活动中获得合理的知识产权归属、规避订单交付过程中可能出现的知识产权风险、保障不对后续其他销售活动造成制约，企业特别需要注意销售协议中有关知识产权的约定。

如果销售协议的知识产权条款签署不当，常会导致以下风险：

① 将所销售产品或服务附着的知识产权不当地归属给缔约相对方，严重制约后续与第三方开展同类销售活动。

② 将所销售产品或服务附着的知识产权过度地许可给缔约相对方，削弱与缔约相对方后续开展销售合作的议价筹码。

③ 对所销售产品或服务担保过高的知识产权侵权责任，风险一旦发生将导致销售利润大幅减损。

④ 未向缔约相对方争取合适的知识产权侵权免责条件，导致因缔约相对方责任产生的风险转嫁到本企业。

在确定销售协议的知识产权条款时，主要应注意约定以下五个方面内容：

① 双方既有知识产权的归属。

② 合作中双方新产生知识产权的归属和申请分工。

③ 产品或服务销售方对知识产权风险的担保责任。

④ 产品或服务销售方对知识产权风险的免责条件。

⑤ 双方在知识产权风险发生后的通报机制和处理机制。

对开展此类工作的内部管理建议：制订本企业销售协议范本，其中知识产权条款由法务或知识产权部门拟制或审批确认；销售活动中优先使用本企业销售协议范本，如果不得不对销售协议范本进行修改或者不得不使用缔约相对方提供的销售协议模板，则涉及知识产权的条款务必经过法务或知识产权部门审批确认。

（二）销售活动中的知识产权风险应对

尽管前期已充分考虑知识产权风险，但在实际销售阶段，难免还会遇到风险事件的发生。销售活动中可能会遇到的知识产权风险包括：

① 因客户投诉或竞争对手中伤引发知识产权负面舆情。

② 货品因知识产权原因遭到海关查扣，推迟交付客户。

③ 原材料因知识产权原因遭到海关查扣，延缓生产进度。

④ 因知识产权原因在电商平台下架。

⑤ 因知识产权原因受到行政处罚。

⑥ 因知识产权原因收到法院诉前或诉中禁令。

⑦ 因知识产权原因被法院判决停止销售和/或侵权赔偿。

因此，企业有必要提前制订销售活动知识产权风险应急预案。

销售活动中一旦出现知识产权风险，首先应当建立风险上报或同步机制，及时向企业高层和相关业务部门通报风险及其影响。同时，法务或知识产权部门作为风险责任部门应尽快牵头成立风险应急小组，针对风险事件迅速开展调查，复盘风险成因。根据不同的风险情形，风险应急小组负责制订应急处理方案，并尽快向企业内部决策风险处置的高管和相关部门同步处理建议，推动企业内部决策和落地执行。

风险发生后，企业需要明确与上游供应链、下游客户、销售渠道、媒体、司法或行政部门等各相关方的对接责任人，主动做好应急沟通以及资源协调工作。有时知识产权风险应急处理方案会涉及大量预算的支出，因此对于知识产权风险频发的行业或技术领域，建议市场部门和财务部门提前进行知识产权风险防范准备，预留风险处置费用并计入成本。

随着网络越来越发达，负面舆情逐渐成为企业关注的新型风险。负面舆情具有传播广、发酵快的特点，相比实体风险，可能会给企业造成难以预计的业务伤害，企业应谨慎应对。如果销售活动中出现知识产权舆情风险，建议企业在对具体情形进行认真分析研判的基础上，明确应对策略，统一对外口径，选择合适时机，由特定主体代表企业对外发声。在因不实舆情对企业声誉造成严重影响的情况下，法务或知识产权部门还可以考虑以名誉权侵权为由向传播网站进行投诉，寻求对负面舆情下线屏蔽以降低影响。

（三）平行进出口相关风险的应对

平行进出口是销售活动中经常遇到的风险事件。以商标为例，平行进口是指由商标权人投放海外市场的合法产品，由他人在未经商标权人同意的情况下进口到本国市场的行为。由于这种未经许可的进口往往与正式许可的进口平行，故被称为平行进口。因市场营销策略（如扩大市场份额）的需要，商标权人出售给海外经销商或者海外被许可使用商标的生产企业生产的商品价格可能低于本国市场，这些产品平行进口后，可能会对商标权人的本国市场造成一定冲击。

平行出口是与平行进口相对的概念。国内较多企业会遇到平行出口情况。通常而言，企业会对销售代理商的销售区域以及销售价格作出区隔，但是有些代理商会出于某些商业目的越界销售。若企业已在中国海关开展知识产权备案，遇到这种情况后海关会以商标疑似侵权发给商标权人进行确认。但根据大多法律实践，该平行出口的货品属于“正品”货物，如事前未在代理销售协议作出明确的销售区域限制和惩罚约定，则很难以商标侵权为由限制代理商的出口行为。

目前在我国尚没有明确规制平行进出口问题的相关法律条文，从企业角度出发，有效的处理方式包括：

1. 优化销售协议

企业应在代理销售协议中明确代理商销售区域的范围和惩罚

措施，并建立产品平行进出口情况监测机制。

2. 强化海关备案与管理

企业应将知识产权在海关进行备案，如海关执法发现疑似侵权货物，企业需对货物进行排查，查明货品流向，判定是否为正品货物。目前科技产品可以使用产品序列号、防伪溯源等方式进行排查。如果货品是假冒商标的“假货”，企业有权向该货品的报关单位和出口单位发起诉讼，同时要求海关对该侵权货物进行销毁；如果货值较大，可以追究其刑事责任。

3. 优化售后服务协议条款

企业也可以通过设计售后服务协议条款规制平行进出口秩序，主要是约定售后服务协议中关于质保和维修的条件等。企业应综合考虑产品的全球营销策略和全球知识产权策略，制订符合当前发展阶段的售后服务协议。

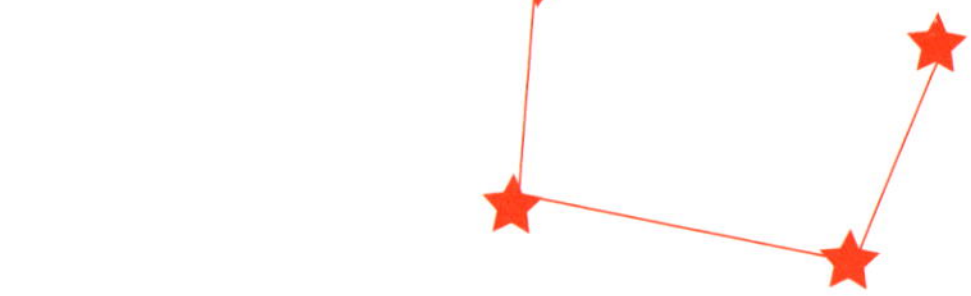

第五章

产品及研发管理

导读

一个优秀的研发、技术管理者，

不一定需要具备知识产权实务能力，

但需要具备知识产权基础知识和意识，

通过组织和流程管理将知识产权活动嵌入研发流程，

有效保护企业研发成果，规避产品侵权风险。

您是否思考过如下问题：

1. 企业研发人员需要具备哪些知识产权素养？
2. 企业研发过程中有哪些知识产权及费用？
3. 企业委外开发项目的研发成果怎么保护？
4. 通过哪些有效措施管理企业的技术秘密？
5. 如何通过研发内部管理规避知识产权风险？

一、团队管理

（一）研发团队中负责知识产权事务的人员设置

企业特别是研发型企业可以在研发团队内部设置负责知识产权事务的人员。与企业负责知识产权管理事务的专职人员的职责有所不同，研发团队内部负责知识产权事务的人员主要负责协调研发过程中和知识产权相关工作的顺利开展，例如专利技术方案的输出、申请文件核稿、技术对比等。

研发内部的知识产权角色通常有两种：

① **知识产权事务对接人。**主要负责配合企业知识产权管理人员或部门进行专利相关绩效和预算管理，执行商业秘密和技术秘密保护制度，组织和协调研发专业技术人员进行新产品及新技术的查新检索、完成专利申请提案、对专利代理师撰写的专利申请文件进行核稿、进行无效和侵权诉讼技术比对、针对现有技术做规避设计等。

② **知识产权评审人员。**主要负责对产品和技术方案是否申请知识产权保护、保护类型、规避设计方案、优秀知识产权评选、

知识产权奖励等进行评审。

知识产权事务对接人主要承担研发团队的工作，同时也要配合企业知识产权管理人员或部门工作。在人员选择时，应选择既有技术背景，又具备一些知识产权基础知识的研发人员。对知识产权评审人员的要求往往更高，还应对行业发展较为熟悉，对技术趋势具有一定的判断能力。建议知识产权评审人员可以由企业研发部门负责人或总工程师、技术专家或高级技术人员、项目部负责人或项目负责人等担任。

（二）培养研发人员的知识产权素养

企业研发人员需要具备如下知识产权素养：

① 能够充分认识知识产权的重要性以及其与研发的关系。

② 有知识产权布局的概念以及专利挖掘的能力。

③ 具备一些基础知识产权实务能力，例如，进行专利检索、阅读专利文献、进行侵权技术比对等。

当企业研发团队中的人员具备这些素养时，就能够对所在产业领域的市场及产品分布、用户群体分布及用户需求等市场信息进行收集，从而有助于进一步分析开发出符合用户和市场需求的产品。通过定期对（与企业技术研究、开发方向相关的）技术和专利信息进行收集、分析和跟踪，研发人员将更清楚本领域的现有技术情况，有助于进一步产出契合技术发展趋势的新技术方案并形成知识产权。追踪竞争对手的技术、专利、产品最新动态等，还有助于产出更优技术方案，或是开展规避设计避免侵权风险。

一般来说，企业的研发人员最初可能并不具备这些知识产权基础素养，企业可以通过一系列措施培养和提升研发人员的知识产权素养和能力：

① 对知识产权的正确认知、检索工具的使用、快速有效阅读专利文献内容、专利申请提案的要求和注意事项等，可以通过研发人员入职培训和知识产权相关培训加以提升，培训后进行考试对培训效果更有巩固效果。

② 对专利的挖掘和布局、技术比对、规避设计以及知识产权案件的协助，可以通过对研发人员的工作考核来推动提升。

③ 高价值专利的挖掘情况和有价值知识产权的输出情况等也可以作为研发人员任职资格和晋升因素之一，发挥“指挥棒”作用，进而促进研发人员知识产权素养的提升。

值得注意的是，很多时候企业负责人、高级管理人员、研发部门负责人的知识产权意识会在较大程度上影响企业的知识产权管理水平，注重这些人员知识产权素养的提升也是十分重要的。

二、研发中的知识产权活动及费用

（一）研发中的知识产权活动

产品研发过程中主要的知识产权活动包括：

① 检索与分析。例如，查新检索与分析、专利情报收集与分

析、侵权分析。

② 技术比对、规避设计。

③ 专利挖掘、申请和答复审查意见。

④ 商标注册、著作权（版权）、集成电路布图设计登记。

⑤ 技术许可。

⑥ 技术购买等。

有些活动由企业知识产权管理部门或专职人员完成，有些活动需要与外部资源协同完成。

（二）研发中的知识产权费用

研发中的知识产权活动费用构成主要包括：

① 检索与分析服务费用（委托外部机构时产生）。

② 购买检索和分析工具费用。

③ 专利申请及维护费用。

④ 计算机软件著作权登记费用。

⑤ 商标注册费。

⑥ 集成电路布图设计登记费。

⑦ 技术或专利购买或许可费。

⑧ 发明人奖励等。

建议企业对研发中的知识产权活动费用进行年度预算规划，按企业财务制度进行管理。研发中的知识产权活动费可以放在研发部门，也可以放在法务或知识产权部门。

三、研发中的知识产权申请

（一）知识产权类型

知识产权包括：商标、专利、著作权（版权）、集成电路布图设计、地理标志、植物新品种、商业秘密、传统知识、遗传资源以及民间文艺等。研发是企业经营管理活动中知识产权产出最多的环节，在产品研发流程的各环节中都可能有不同类型的知识产权产生。

1. 商标

商标是企业的商品与他人的商品区别开的标志。在我国，文字、图形、字母、数字、三维标志、颜色组合和声音等，以及上述要素的组合，均可以作为商标申请注册。注册商标自核准注册之日起有效期为 10 年，有效期满需要继续使用的，企业可以按照规定办理续展手续，每次续展注册的有效期为 10 年，自该商标上一届有效期满次日起计算。

2. 专利

在我国，专利分为发明、实用新型和外观设计三种类型。根据 2020 年新修正的《专利法》规定，发明是指对产品、方法或者其改进所提出的新的技术方案；实用新型是指对产品的形状、构造或者其结合所提出的适于实用的新的技术方案；外观设计是指对产品的整体或者局部的形状、图案或者其结合以及色彩与形状、图案的结合所作出的富有美感并适于工业应用的新设计。我国发明专利权的期限为20年，实用新型专利权的期限为10年，外观设计专利权的期限为15年，均自申请日起计算。

3. 著作权

根据我国2020年新修正的《著作权法》规定，著作权的作品是指文学、艺术和科学领域内具有独创性并能以一定形式表现的智力成果，包括：文字作品；口述作品；音乐、戏剧、曲艺、舞蹈、杂技艺术作品；美术、建筑作品；摄影作品；视听作品；工程设计图、产品设计图、地图、示意图等图形作品和模型作品；计算机软件；符合作品特征的其他智力成果。在我国，作者的署名权、修改权和保护作品完整权的保护期不受限制；对于自然人的作品，著作权中的发表权和财产权利的保护期为作者终生及其死亡后50年，截止于作者死亡后第50年的12月31日；对于法人或者非法人组织的作品，著作权财产权利的保护期为50年，截止于作品首次发表后第50年的12月31日，其发表权的保护期为50年，截止于作品完成或首次发表后第50年的12月31日。

4. 集成电路布图设计

集成电路布图设计是指集成电路中至少有一个是有源元件的两个以上元件和部分或者全部互连线路的三维配置，或者为制造集成电路而准备的上述三维配置。在我国，布图设计专有权的保护期为10年，自申请之日或者在世界任何地方首次投入商业利用之日起计算，以较前日期为准。

（二）知识产权类型的选择

企业可以根据自身实际情况、结合所在行业的现状，考虑将企业的研发成果选用具体的知识产权类型进行保护。

① 产品概念和新技术方案形成、对现有技术方案的优化和改良、ID 设计图呈现、产品功能和控制方法的实现，可以分别申请发明、实用新型、外观设计等不同的专利类型进行保护。

② 产品使用的型号、名称在经过设计后可以申请商标注册保护。

③ 在具体的硬件开发和软件开发环节，可以将集成电路布图设计、软件程序和代码通过登记获得集成电路布图设计专有权、计算机软件著作权保护。

④ 企业的包装、装潢设计可以通过著作权作品登记进行保护。

⑤ 企业独有的、不适合申请专利保护的技术实现方法、特殊工艺方法、材料组成和配方等，可以通过商业秘密进行保护。

四、产品及研发管理中的知识产权保护

（一）产品研发流程中的知识产权工作要点

通常而言，发展中企业和成熟企业的产品开发流程有概念、计划、开发、验证、发布、产品生命周期管理这几个阶段，而初创企业的产品开发流程相对简单灵活。综合来看，在产品研发的

立项、计划、执行、结项等几个重要环节都有必要开展知识产权管理工作。

1. 立项阶段

在立项前，知识产权管理部门或专职人员可以配合产品研发部门进行市场信息、客户信息、竞争信息、技术发展趋势等信息的收集和分析等，帮助研发部门理解市场需求，为产品策划和技术预研提供线索。

在立项时，产品功能定义确定，产品实现的技术难点已呈现。在这个阶段，需要制定初步检索策略，扫描是否存在侵权风险，为立项提供决策依据。针对实施难点，可以收集并提供专利情报，助推有效解决问题。同时，此阶段应初步形成各类知识产权（专利、商标、著作权等）的布局规划。

2. 计划阶段

在这个阶段，产品设计方案和技术实现方案定型，应确定检索方案，与研发人员一起开展详细检索、分析工作，就检索到的现有技术提出规避设计方案。知识产权评审人员还要对选定的设计方案进行评审，确定对研发成果（如设计方案、产品名称、功能实现方法、软件代码等）的知识产权保护类型（是进行专利、商标、著作权保护，还是技术秘密保护）。

3. 执行阶段

随着研发进入具体开发和验证阶段，知识产权管理工作的重要性更加凸显。在这个阶段，知识产权管理人员和研发人员不仅要紧跟项目进度，对研发中有所变更的内容及时进行检索，排除知识产权侵权风险，还要启动专利、商标、计算机软件著作权的申请或登记。在这个阶段，企业市场营销部门会对外发布产品相关信息，企业需要确保知识产权应申请尽申请，并注意避免相关发布中公开的内容影响知识产权的获取（如影响新颖性或创造性等）。

4. 结项阶段

产品研发项目结项时，除了要整理研发项目过程文件并保存外，还要对立项阶段制定的知识产权布局规划进行总结、复盘，查漏补缺，关注是否有新的替代方案产生，对新的技术方案进行侵权风险排除和专利申请。

对于医药企业的仿制药项目，立项前要深入研究原研药相关专利信息，包括其相关同族专利在目标国家（地区）的法律状态、授权范围和保护期限等。对于已经设立药品专利链接制度的国家（地区）而言，原研药的专利信息通常会在该国家（地区）的药品专利信息平台予以公布，例如我国的“中国上市药品专利信息登记平台”以及美国的“经过治疗等效性评价批准的药品”（又称“橘皮书”）。医药企业的知识产权管理人员需将专利信息变化情况及时反馈到研发部门。在仿制药申报注册前，还应进行一次全面检索，填报药品注册申报资料中应如实说明专利状况。如检索发现障碍专利，可以及时发起专利挑战。在中国、美国等一些国家（地区），首个挑战专利成功的仿制药企业还有可能获得一段时间的“首仿独占期”。

（二）产品研发中的商标保护

在研发项目早期或在一个新的产品类别开发初期，研发项目组或研发人员很多时候会用一个代称来指代研发项目。由于研发项目周期较长，这个代称随着项目开发时间推移和高频次的使用而被认可成为上市产品名称。在产品正式上市前，这个名称可能使用在包装及宣传资料上，开始对外推广，这样可能造成产品名称被抢注或因产品名称与他人在先注册商标相同或近似而发生侵犯他人注册商标专用权的风险。

企业产品研发中的商标产生有几种情况：

① 产品线、产品类别规划。当启动一个全新产品系列时，要对使用的项目型号、产品名称进行商标检索。如果无在先注册商标，可以提前注册保护，避免被他人抢注。如果有在先注册商标，产品和宣传资料在对外推广前，要对需要推广的产品名称、型号进行提前设计、检索和注册，避免产品推广上市后构成侵犯他人注册商标专用权的风险。

② 启动产品研发项目。在启动产品研发项目时，如果是同一个产品线的新项目，可以沿用此产品线名称或型号，使用在先注册的商标，仅增加数字或字母加以区分。

需要注意的是，项目型号规划、产品宣传推广、商标风险管理的具体工作往往分别在研发、营销、知识产权等不同部门管理和实施，建议企业加强这些部门员工的商标风险防范意识，同时也要制定相应的制度，规范研发项目型号命名和商标管理工作。

（三）技术秘密管理

在计划阶段，研发团队的知识产权评审人员需要确定技术是适合专利保护，还是技术秘密保护。技术秘密是企业不为他人知晓的专有技术或非专利技术。技术秘密在未被人为公开的情况下，会一直处于保密状态，能够解决特定实际问题，并对企业具有技术和经济价值。

技术秘密不像专利、商标、著作权可以通过申请、注册获得授权，换取排他保护权利和期限。技术秘密主要靠权利人主动、自觉采取强有力的保密措施，确保被保护对象处于秘密状态。技术秘密也不存在保护期限，如果权利人保护得当，可能是永久性的；如果保护不当，被竞争对手或他人知晓，技术秘密的秘密状态就会随之结束。这完全取决于权利人保密措施的有效性。

根据我国《最高人民法院关于审理不正当竞争民事案件应用法律若干问题的解释》第 11 条，权利人为防止信息泄露所采取的与其商业价值等具体情况相适应的合理保护措施，应当认定为《反不正当竞争法》第 10 条第 3 款规定的“保密措施”。该条同时也对权利人采取的保密措施作了规定：

① 限定涉密信息的知悉范围，只对必须知悉的相关人员告知其内容；

② 对于涉密信息载体采取加锁等防范措施；

③ 在涉密信息的载体上标有保密标志；

④ 对于涉密信息采用密码或者代码等；

⑤ 签订保密协议；

⑥ 对于涉密的场所限制来访者或者提出保密要求；

⑦ 确保信息秘密的其他合理措施。

因此，企业技术秘密的内部管理非常关键。建议企业应当：

① 对研发技术文档、样品、代码等研发资料设定密级并做相应标识。

② 对研发人员，根据不同的职责、职级获取研发相关资料设置明确的权限规定。

③ 研发人员电脑使用加密软件（所有技术文档加密），外发时需要向上级申请解密后才能发出。

④ 研发门禁设指纹锁，限制访客进入。

⑤ 所有研发人员要签订保密协议，对于企业特殊级别的重要研发项目，建议单独签订保密协议。

⑥ 对研发的样机、试制品要严格管控其流出并可以追溯。

企业需要注意的是，竞争对手或他人通过自行开发研制或者反向工程等技术手段，对从公开渠道取得的产品进行拆卸、测绘、分析等而获得该产品的有关技术信息，不被认定为是侵犯商技术秘密的行为。企业在考虑一项技术、方法适用技术秘密保护时，也要充分考虑当技术秘密实施的产品进入市场后，有没有可能被竞争对手或他人通过反向工程破解，并应提前针对性地采取一些措施，增加破解难度。

（四）研发档案的建立和管理

研发档案是企业研发活动的过程记录，沿着研发档案的轨迹可以看清整个技术开发和项目推进的脉络。

研发档案通常包括可行性研究报告、立项报告、开发计划、需求说明书、设计说明书、设计图档、代码、技术评审报告、测试计划、测试报告、开发进度月报、验证报告、项目总结等。

如果企业对研发项目、技术开发过程没有记录，对过程中形成的研发成果、资料没有归档和管理，当发生知识产权权属或技术秘密纠纷时，企业就无法通过研发档案记录来追溯研究开发过程，从而证明知识产权和技术成果的权属。

企业研发档案管理中主要存在两大问题：

① 研发档案无人管理，全凭研发人员个人习惯保存，或虽有研发文档存档管理要求却未落实执行，导致关键时候发现很多重要研发环节没有相应文档保存或难以查找。

② 项目组在开发过程中虽然对文档进行保存，但却忽视了文档的管理。文档没有正式的管理要求，缺少文档提交的依据和规则，导致企业研发文档的保存混乱无序，在遇到知识产权权属或技术秘密纠纷时，无法快捷地获得所需信息。

对企业研发档案的管理，有以下几点建议：

① 制定研发档案管理规范，对研发技术文档的创建、审批、发布、修改、分发、签收、收回、归档等作明确要求。

② 项目日常管理形成的文档也要保存，如项目报告、会议纪要、重大问题跟踪报告/文件、项目质量管理文件等。

③ 对项目文档的完整性进行审核并作为项目考核的内容之一。

研发档案的存档和管理关键还是在企业的研发人员。对企业而言，制定完善的文档管理制度、提升研发人员的文档完整保存意识，是预防研发档案缺失、防范知识产权风险非常重要的措施。

五、研发合作中的知识产权保护

（一）研发合作中的知识产权管理要点

企业的产品或技术开发也存在由外部资源完成或共同完成的情形，如委托开发、合作开发等。委托开发，是指企业委托有开发经验的专业机构或专业开发人员，按照企业的需求承担开发任务。合作开发，是指企业与其他企业或科研院所、高等院校等共同完成开发任务。

企业对外委托开发、合作开发管理不当，容易引起研发成果和知识产权流失，引发一系列的知识产权问题和风险。企业与外部资源合作研发时，知识产权管理工作要点包括：

① 合作前的准备。企业通常在合作协议签订前就已经对合作

项目、技术内容开始交流讨论，建议企业先与合作方签订保密协议，再与合作方进行合作项目交流。对于企业事先已经产生的研发成果，要先申请专利或进行计算机软件著作权登记。

② 协议内容洽谈。明确合作的具体内容，双方的权利、义务，委托开发、合作开发过程中以及完结后的成果交付内容（如样机、文档、代码等）、验收标准、交接方式等；明确双方提供的现有技术成果，如样品、技术资料，必要时在合作协议中列明或附上资料清单；明确当委托、合作开发项目出现暂停或中止等情况时，对委托方提供的技术资料的处理方式，如所有技术资料应返还给委托方，并不得以复印、扫描等复制方式留存等；约定委托开发、合作开发的知识产权成果归属。

③ 协议签订。研发部门确定合作的主要内容后与法务部门协作完成协议的拟定，完善协议的各项条款要求。按企业协议管理规范完成协议的签署、备案及存档。

④ 执行协议。协议执行过程中要注意技术秘密的管理和双方的保密责任，并按照双方约定的知识产权成果归属及时进行申请、登记保护。

（二）研发合作中的知识产权争议解决

在委托开发或合作开发中，虽然双方通常在合作前会就合作内容作出约定或签署合同/协议，但在实际过程中，还是会时常发生合同/协议履行或研发成果归属等方面的争议。

当发生争议时，首先应查看双方签署的合同/协议是否就争议的问题有相关约定。如果有约定，按照约定协商处理；如果没有相关约定，且双方不能协商一致，可以找有关机构进行调解。合同当事人还可以请求合同管理机关、仲裁机构、法庭等进行调解。双方协商不成，不愿调解的，可根据合同中规定的仲裁条款或双方在纠纷发生后达成的仲裁协议向仲裁机构申请仲裁。如果合同中没有订立仲裁条款，事后也没有达成仲裁协议，合同当事人可以就合同纠纷起诉到法院，寻求司法解决。

此外，为避免发生争议，建议企业在确定合作方时，提前做好背景调查，签署保密协议及合作协议，约定清楚合作双方的权利及义务、知识产权的归属及相关违约责任、争议的解决办法、诉讼的管辖法院等，以保证自身利益。

六、研发中的其他知识产权风险管理

（一）研发选型阶段的外购物料或原料药相关知识产权风险

企业研发在选型阶段一般会选用外购物料或原料药，如果选购的原料、元器件或零部件有侵犯他人知识产权的风险，在开发完成产品上市后，可能会收到要求停止侵权的律师函或被起诉。对于医药企业来说，对于尚在专利保护期内的品种，特别是仍然存在化合物、晶型等专利保护的，即使利用采购的原料药制成制剂上市销售，也有可能构成侵权行为。

研发选用的外购物料或原料药涉嫌侵权时，对企业的影响有：

① 在产品上市前发现侵权，企业为了预防产品上市后被起诉的风险，将不得不停止产品上市，重新寻找替代物料，甚至更改设计方案。这样，不但给企业带来前期的研发投入的损失，企业也将因产品延迟上市错失市场良机。

② 产品上市后发现侵权，可能导致企业被起诉或行政处罚，产品被迫停止销售，商誉受损，承担经济赔偿责任。

对长期开展此类工作的企业的内部管理建议包括：

① 在选用外购物料时，应对外购物料进行知识产权调查，明确供方对该物料是否拥有知识产权或相应授权。

② 选型物料要有备选方案或多家供方，以便在发现侵权时，能快速选用其他不侵犯知识产权的同类物料替代。

③ 新品首批上市时要清晰记录产品去向，当出现侵权问题时，方便企业追踪、快速处理。

④ 在供方合同或协议中要明确划分侵权责任，增加侵权担保条款，规避因供方侵权给企业带来的风险。

⑤ 在选择供方时，尽量选择拥有知识产权或知识产权保护意识较强的供方。

⑥ 原料药采购前应当对该品种的专利保护情况进行充分调查。对于无法规避的专利，例如化合物专利，可以等待其到期；而对于晶型、制剂等，可以采取规避设计或挑战专利的方式以争取提

前上市。

（二）信息不当披露引起的知识产权风险

研发信息的不当披露可能会引起企业的知识产权流失，常见的有以下两种情形：

① 企业或合作的科研机构、高校等参与技术研究开发的人员对外发表了论文，在微博、微信朋友圈披露了含有技术或产品的内容或图片，造成专利技术方案被提前公开，破坏了技术方案的可专利性，导致企业自身无法获得专利授权。

② 企业或合作的科研机构、高校等参与技术研究开发的人员在微博、微信朋友圈、专业领域论坛或其他公开刊物上披露了研发信息，被同行或竞争对手获悉企业的技术方案中的产品方向，直接使用或提前改进推出同类产品，抢占市场。

因此，建议企业对内部研发人员和外部合作机构就信息披露事项进行管理和规范，主要包括：

① 对内制定相应的信息披露制度规范，研发信息必须经过审核后才能对外披露。

② 对外完善合作协议，在委托开发、合作开发协议中增加对信息披露的限制内容或限定信息披露的必经程序。

③ 企业在技术引进、技术转让前要排查参与研发的人员是否有对外披露信息，规避因被提前公开而降低专有技术的市场价值。

（三）使用开源软件的知识产权风险

开源软件由于其内在的源代码公开、组件丰富等属性，在软件开发过程中逐渐占据了重要的位置。《Veracode 2017 年软件安全报告》曾提到“如今一个软件中平均 75% 的软件代码都来自开源组件”。

在企业日常经营活动中，如果未重视开源软件合规管理，将面临以下五方面潜在风险。

1. 商业声誉风险

基于开源许可证的不担保责任条款，开源组件提供者往往不承担源代码带来的任何责任，因此企业利用开源组件开发商业软件时，有可能无意中使用了权属不清的源代码。一旦事实被炒作，可能会对企业商业声誉造成影响。

2. 许可证违约风险

不同的开源许可证有不同的知识产权保护要求。开发人员容易忽略某些许可证的条款或者很难兼顾多个许可证竞合的要求，使得企业面临违约风险。

3. 第三方专利风险

开源软件是具体的代码，代码背后的数据处理逻辑可能涉及独立第三方在先申请的专利。企业在利用开源软件开发时可能面临侵犯第三方专利权的风险。

4. 专利申请成本风险

有的开源许可证会限制在开源代码修改过程产出专利，或者约定产出的专利视为免费提供给开源软件的所有使用者，因此企业在申请专利时需要提前了解有关规则并予以统筹考虑，避免增加不必要的专利申请成本。

5. 未获得商标授权风险

有的开源软件要求必须经过开源软件商标的认证，甚至要求开发者付费后才能使用。例如，OSI（Open Source Initiative）组织要求经其认证的开源软件务必在其复制件上附上商标“OSI Certified”；没经过OSI认证的软件不能擅自使用该认证商标，否则会面临侵犯集体商标的诉讼。

对长期开展此类工作的企业的内部管理建议包括：

① 明确管理归口。在研发部门或知识产权部门设立专门的管理岗位统筹企业的开源软件管理工作，其工作职责包括代码审核、制定开源策略、拟定风控机制、内部使用备案。

② 制订许可证使用指引。将开发中可能涉及的许可证进行分级管理，形成《开源许可证使用指引》，明确哪些属于严苛许可证，禁止使用；哪些属于慎用许可证，应谨慎使用；哪些属于宽松许可证，推荐使用。

③ 软件代码扫描。对于将作为商业软件使用的开发项目，应当对软件源代码进行扫描，目的是确保软件产品不包含风险较高许可证的源代码段。如发现包含高风险源代码段，应当退回开发人员修改或征求研发高管意见以确定处理措施。对经过扫描的源代码，对其开源许可证进行备案。

（四）使用未经授权的开发工具的知识产权风险

企业研发涉及的开发工具很多，包括：工业设计类、机械结构设计类、电子硬件设计类、软件开发类、包装设计类等。如果企业研发人员的正版意识薄弱，或企业没有规范开发工具的管理，则可能出现使用盗版软件的侵权风险。

企业出现使用盗版软件的侵权风险有以下几种情形：

① 企业技术（IT）人员给研发人员的工作电脑安装了未经授权的开发工具供研发人员使用。

② 研发人员自行在工作电脑上安装了未经授权的开发工具。

③ 开发工具的非必要使用者在工作电脑上安装了未经授权的开发工具，如项目经理或其他职能人员为了查看方便而安装。

④ 开发工具的使用超出了授权范围。

对企业开发工具的管理建议包括：

① 对研发必需的开发工具，通过购买获得授权，合法使用。

② 制定和完善开发工具使用管理规范，对研发人员使用的开发工具进行登记，由专人统一管理，明确开发工具使用人、使用范围。

③ 提高研发员工的正版化意识。

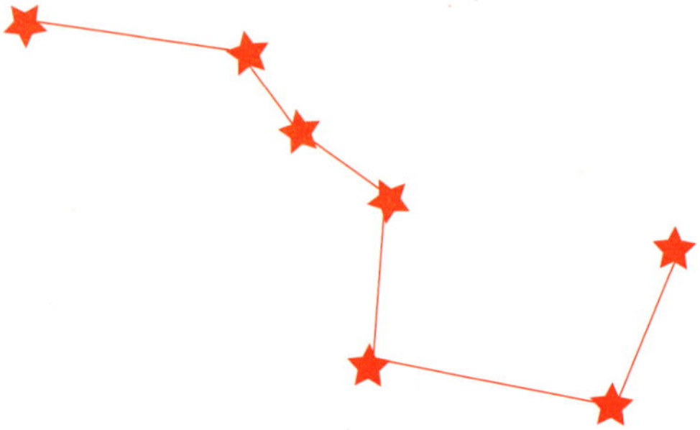

第六章

生产及供应链管理

导　读

生产与供应链管理中，与知识产权有很多紧密的联系。

您是否知道：

1. 生产、采购、物流、货物进出口方面存在哪些知识产权风险？

2. 在供应链各环节怎样保护自己的知识产权？

3. 生产过程中存在哪些潜在的知识产权风险？

4. 企业在寻求外部合作时需要做好哪些知识产权风险防范？

5. 采购产品/配件/软件/服务等需要关注的相关知识产权都有哪些？

6. 供应商知识产权会对自己产生哪些风险？

7. 物流过程容易忽视的知识产权风险有哪些？

一、生　产

（一）生产过程中对核心技术或工艺的保护

企业在生产过程中可能产生的知识产权类型主要有专利和商业秘密。企业在生产过程中涉及生产工艺、方法、配方、制备技术、工装夹具、机械设备、流程/制程、品控/检测技术等。在这些生产过程中，涉及改进、优化、替代的具有实用或进步性的设计/方法/流程/参数等均可以申请专利或作为商业秘密进行资产化管理及保护。

对企业生产过程中的核心技术或工艺方法主要采取申请专利或以商业秘密的形式来进行保护。具体选择什么类型进行知识产权保护，需要对核心技术或工艺进行综合分析判断，主要包括：

① 对该核心技术或工艺的价值进行判断；

② 对该核心技术或工艺的可专利性进行分析；

③ 对实施保密措施的成本进行评估；

④ 对反向工程的可能性进行剖析；

⑤ 对研发该核心技术或工艺的难易程度进行评估；

⑥ 对该核心技术或工艺的发明人的职业稳定性和生产过程中该核心技术或工艺的操作人员的接触频度及深度进行综合分析判断。

生产型企业可以对其所在行业领域的生产全过程进行专业的专利挖掘，梳理商业秘密的密点，对生产过程中的加工方法、流程、配方、制备工艺、检测技术等选择适合的知识产权类型进行有效的保护。

无论企业决定采取什么方式进行保护，建议由比较有经验的专业人员或专业的知识产权服务机构协助处理。

其中，企业生产环节的商业秘密盘点与资产化管理及维权保护需要专业人员指导。商业秘密作为企业非常重要的无形资产之一，在对其进行保护的过程中，建议企业不仅要有将该信息作为商业秘密的主观意识，还要建立完善的商业秘密保护制度，对需要作为商业秘密保护的信息或技术采取客观严格的保密措施。

（二）生产过程中对品牌或商标的管理

品牌与商标是比较容易混淆的一对概念，两者既有联系，亦有区别。品牌不完全等同于商标，品牌可以通过商标注册获得商标专用权而受到法律的保护。商标的构成要素主要包括文字、图形、字母和数字等，品牌的有形构成要素主要包括名称、图案、色彩和文字等。企业生产过程中应对品牌/商标进行规范化管理和要求，主要包括：

① 对品牌/商标尺寸、颜色、位置、比例等的设计要求。颜色商标要对应标准色号生产，以防生产过程中因故出现色差导致返工或报废。

② 对品牌产品生产过程中瑕疵品的报废处理的管控。在生产过程中因商标印刷、缝制、粘贴、安装、模具等环节的原因导致产品质量不合格且无法返工修复的，需要谨防这类不合格产品流出工厂在市场上销售。这类瑕疵品流向市场将会对品牌造成不可估量的损害，应实施严格的报废处理管控。

③ 对品牌或商标的有效授权。一般情况下，生产厂在没有拿到品牌方授权时，建议不要贸然备货或生产。代工生产企业要谨防商标侵权风险，对代工产品商标不仅要向委托方索要商标授权书，还要自我核查该商标的法律状态、类别和核准使用的产品范围等。

④ 企业生产过程中还可能会涉及贴标地点、贴标时间和数量的管控要求。贴标地点管控是基于商业信息保护目的，防止相关信息在生产的第一时间外泄。贴标时间限制是基于品牌销售进度考虑，以适用不同品牌或销售渠道/地域。对于品牌/商标的数量管控是为了防止非正常渠道走货。

（三）生产中需要用到第三方技术或工艺时的知识产权保护

企业在生产中需要用到第三方技术或工艺方法时，可以对第三方技术或工艺方法进行知识产权（专利或商业秘密）方面的检索分析和商业调查。

对于以专利形式保护的技术或工艺，可以对相关专利进行分析，明确其技术或工艺是否可规避或改进，以及对该专利权利稳定性进行评估。对于能规避或改进的，可在规避或改进后进行使用。对于权利稳定性差的专利，建议直接对该专利提出无效宣告请求或做好无效宣告准备。对于难以规避且专利权利稳定性较强的，可以寻求专利授权或许可，通过授权或许可后再使用。

对于以商业秘密进行保护的，可以对该技术或工艺进行研究分析。如果能够通过研发或逆向研发获得该技术或工艺方法，可以使用自己研发获得的技术或工艺方法。如果不能通过研发获得该技术或工艺方法，那么可以考虑寻求授权使用，还可以考虑协商由其代为加工生产。这样既可以保护该第三方技术或工艺方法独有独用，也能够实现使用该技术或工艺方法生产的目的。

二、生产外部合作

（一）贴牌或代工合作的知识产权管理

贴牌生产也叫“定牌加工”或“授权贴牌生产”，是指生产厂为品牌方生产制造产品或配件，品牌方往往只提供品牌。贴牌生产一般仅需委托方品牌/商标授权即可。

代工生产是由委托方提供产品设计方案，委托方拥有产品设计研发的相关知识产权，生产厂只是单纯地进行加工生产，并不拥有这个产品的知识产权。一般情况下，受托方也不得自行向第三人销售委托方委托加工的产品。

贴牌或代工生产是比较常见的生产经营方式，二者的共同之处在于，都是拥有知识产权的一方委托另一方生产，然后贴上品牌进行销售，且均需要在生产前拿到委托方的品牌/商标授权。在拿到委托方授权或许可后，二者均需要对委托方的商标法律状态进行核查管理，排除商标侵权、假冒、超范围使用等相关风险。

代工生产不仅需要品牌/商标的授权，还需要代工产品或部件其他相关知识产权的授权或许可，包括代工品本身及与生产技术或工艺相关的专利、著作权、商业秘密等。此外，还应严格按照委托的生产数量要求进行生产，防止因超额生产导致侵权风险。

对涉外委托贴牌或代工生产还要注意委托方授权的知识产权的地域保护范围。例如，如果委托人只拥有境外相关知识产权，那么要注意核查境内是否有相同或近似的知识产权存在，排除相关知识产权风险。

（二）跨境合作的技术进出口管制

在进行跨境合作时，企业需要关注相关国家（地区）主管部门出台的与技术进出口管制相关的法律法规和政策。建议企业提前到跨境合作国家（地区）相关的业务主管部门咨询了解，对需要审批许可的技术要商务主管部门审批后再签交易合同。交易合同签署后及时到地方商务主管部门进行技术合同登记备案，提前确认外汇支付条件，以防合同违约。

跨境技术合作的科技企业特别要注意严格执行我国及技术进出口目标国（地区）的进出口管制法律法规，切实履行进出口控制责任和义务，自觉执行相关国际进出口管制法规。如果出口的技术涉及敏感技术，可能被客户或最终客户用于发展或制造大规模杀伤性武器、运载工具或未经授权的常规军事装备，不利于购买国（地区）的和平与稳定，或是可能落入恐怖组织手中的，应严格遵守出口管制规则。此类技术会涉及军民两用，属于国家全面管制物项，需高度警惕或拒绝出口相关技术。

对技术出口、外国投资者并购境内企业等活动中涉及国家安全的知识产权对外转让行为，我国需要进行审查。审查类型包括专利权、集成电路布图设计专有权、计算机软件著作权、植物新品种权等知识产权及其申请权。审查工作机制主要包括：

① 对于技术出口中涉及国家安全的知识产权对外转让审查，按照知识产权的不同类型进行审查管理，由相应的国家主管部门按照职责进行审查。

② 对于外国投资者并购境内企业安全审查中涉及的知识产权对外转让审查，由相关安全审查机构根据拟转让的知识产权类型，征求国家相关主管部门意见，并按照有关规定作出审查决定。

建议有技术进出口的科技企业设立贸易合规管理部门，制订企业技术进出口管制管理制度，建立技术进出口审查标准和流程。其中，出口技术到境外的，除了要遵守相关国际进出口管制法规，还要防止出口的技术侵犯目标国他人在先的相关知识产权。对这些风险的尽职调查建议由知识产权专业服务机构协助企业完成。

三、采　购

（一）采购活动中存在的知识产权风险

在采购活动中，遇到因知识产权引发的侵权诉讼时，侵权产品的采购商或销售商通常会成为被告。这主要是由于侵权证据比较容易从产业链下游的采购商或销售商处发现和获取。企业在采购活动中要注意防止侵犯他人知识产权的情况发生，尽可能在采购前排除相关知识产权风险。

采购活动中的知识产权侵权可能会发生在生产制造、使用、销售、许诺销售等环节，可能侵犯的知识产权包括专利、商标、包装装潢、著作权、商业秘密等。在跨境采购活动中，因涉嫌侵权还可能被海关查扣，这会导致无法顺利完成采购交易，也将可能面临合同违约赔偿、已付货款无法索回或产品在海关被销毁等风险。

采购方在合法购买产品或零部件后，一般情况不会侵犯他人的知识产权。特别需要注意的是，对于某些购买的产品或零部件还必须有相关配套解决方案才能使用的情形。这类产品或零部件所需用的配套解决方案有可能会涉及另外的技术或方法专利、软件著作权、商业秘密等。若是在采购环节没有注意或预见到这个问题，那么就可能会有知识产权侵权风险，面临支付许可使用费或被迫额外购买该配套解决方案的情形。

（二）对供应商商业信息的保密管理

在日常经营活动中，很多企业的市场和采购人员会定期对行业市场或供应商的相关商业信息进行企业内部分享。分享的信息可能会涉及供应商的技术或商业信息，包括：采购价格、交易策略、生产设备、工艺技术、原材料、生产计划、核心技术人才、客户名单、销售渠道或市场信息等。

对供应商商业信息的保密管理主要包括：

① 与企业内部能接触到供应商商业信息的相关人员签署保密协议。对含有供应商商业信息的文件或相关载体进行保密管理。对供应商的商业信息若不进行严格的保密管理，对买卖双方均可能产生相关重大损失。

② 向供应商提出相关的商业信息保密要求。保密信息包括供需双方现有的及未来合作中可能产生的重要信息，如双方就彼此的合作关系或保密信息进行的任何协商、讨论或谈判、任何拟定的安排或合同，以及任何正在协商、谈判中的经营或运作计划等。对约定为保密信息的，不得以任何直接或间接方式提供或透露相关保密信息予媒体、公众或任何其他第三人。

（三）采购合同中相关知识产权权属约定

在采购活动中，买卖双方的知识产权权属一般是比较明确的。在采购合同或协议中常关注交易产品/服务的知识产权风险承担，容易忽视买卖双方合作过程中产生的知识产权权属问题。在采购合同中，知识产权权属约定一般是根据合作产品的知识产权实际情况和买卖双方的商业优势地位来商定。

当卖方拥有所采购产品相关的知识产权，合同一般会约定卖方同意该产品含有的专利、商标、标识、技术秘密等所有知识产权以永久性的、不可撤销的、免费的方式授权买方及买方客户使用。除非特殊的需要，对卖方的相关知识产权一般不会约定权属上的变更。

当买方拥有所采购产品相关的知识产权时，知识产权权属条款主要约定以下四个方面的内容：

① 在合作过程中买方对卖方的知识产权授权加工使用；

② 在买卖双方合作过程中新产生的相关知识产权的归属；

③ 合作中需卖方保密的相关技术或商业信息；

④ 禁止卖方将合作中的技术或商业保密信息用于申请专利等。

建议买卖双方在采购合同中明确约定任一方利用合作中的技术或商业信息，通过对样件分析、修改、改编、反向工程、拆解或研制衍生作品等产生的相关知识产权的归属，以防产生相关纠纷带来不必要的风险。

四、供应商管理

（一）供应商认证应考虑的知识产权因素

供应商认证是供应商管理的一项重要内容。在做供应商认证之前，同供应商的商务条款及其他相关内容均要符合认证要求。供应商在接受正式审核认证之前需向认证方提交认证所需的基本文件；认证方正式审核的前提是基本文件审核已合格。供应商认证主要涉及的内容包括人权、社会责任、质量等方面。供应商认证还要考虑企业所在国家（地区）的政治、经济和法律环境的稳定性等因素。

供应商认证涉及知识产权的内容主要是审核知识产权清单及其法律状态等。除对供应商自身的知识产权进行审核外，还要对供应商母公司、子公司、分公司等关联主体的知识产权开展审核，并对供应商商业秘密管理情况进行核查。审核内容包括：对商业和技术信息所采取的保密措施情况；对发明人或设计开发人员、高管人员等进行企业商业秘密管理的情况等；是否签署了保密协议和员工竞业禁止协议；是否约定了知识产权归属等。此外，还可以根据审查后的知识产权，对应核查供应商所供应的产品、配件或服务所对应使用的知识产权是否真实匹配。

企业在处理供应商知识产权认证工作时，也可以参考《企业知识产权管理规范》（GB/T 29490—2013）标准中的相关内容。

（二）供应商知识产权担保

知识产权担保是供应商对其交付的货物或服务不会侵犯他人知识产权的保证与承诺。它不同于常见的信用证或银行的第三方保函。知识产权担保的形式可以作为一个合同条款在合同框架中体现，也可以独立担保函的形式作为合同的附件出现。担保条款主要是要求供应商承担保证责任，条款的措辞也多为概括性的。

知识产权担保范围一般会包括：

① 供应商所提供的产品或技术服务不会侵犯任何第三人的知识产权（包括专利、商标、包装装潢、著作权、商业秘密等）。

② 若发生侵权责任并经法院判决确定后，供应商负担买方所有的损失；损失不仅包括赔偿金，还包括官方费用、律师费用、公关费用、交通费用等相关损失。

知识产权担保地域一般不仅要包含买家所在国家（地区），还要包含买家转售的目标国家（地区）。

供应商需要提供具体哪些知识产权担保，应以供应商提供的产品或技术来确定。假如供应商做的是贴牌生产，那么该供应商不需要为商标提供相应的知识产权风险担保，只需对除商标以外的产品或技术服务所涉及的其他类型知识产权承担相应的知识产权担保责任。

（三）对供应商的知识产权尽职调查

采购方会在选择供应商时进行供应商认证，在认证环节可能会开展对供应商的知识产权尽职调查。采购方为降低相关知识产权风险，也可对其重要核心的供应商进行知识产权尽职调查。另外，拟上市企业为排除相关联的知识产权风险，也会开展对供应商的知识产权尽职调查。

对供应商的知识产权尽职调查是一项专业性极强的工作，参与人员须对知识产权法律和该领域技术具备较高的认知水平。因此，建议组建专业的知识产权尽职调查团队，有条件的企业可以内部组建，也可以内外结合组建调查团队。

对供应商的知识产权尽职调查的内容主要包括：

① 供应商本身及其母公司、子公司、分公司等关联主体的知识产权（包括供应商单独所有、共同所有以及拥有使用权的相关知识产权）；

② 对相关发明人、设计人、高管人员等可能影响企业知识产权归属和掌握企业技术秘密的人员进行调查；

③ 核心人员是否签署了保密协议和竞业禁止协议，是否约定了知识产权的归属；

④ 供应商供应的产品、配件或服务与其拥有或其可合法使用的知识产权是否相匹配；

⑤ 相关知识产权权利是否有效。

如果与重要的供应商合作时，除了上述内容外，还需要对供应商的知识产权法律状态、时效情况、纠纷或诉讼情况以及影响知识产权存续的各种制度、协议、诉讼、决议等进行深度调查和对知识产权权利稳定性进行评估等。

供应商的知识产权尽职调查方式可以根据实际需求来确定，可以是要求提供知识产权基本信息情况表、诉讼或纠纷情况说明、知识产权清单等。如果认为有必要到现场实地考察和/或约谈相关人员的，可以制订考察项目和约谈清单进行实地走访调查。调查结束后，应出具知识产权尽职调查报告，报告应当包含知识产权调查的时间节点、范围、对象、知识产权现状、存在问题、潜在风险等内容，最后还应给出专业性建议和问题解决方案。

五、物　流

（一）物流中的知识产权风险

物流在企业商业活动中是指物资的物质实体在供应链上的流动。物流中的知识产权风险主要包括企业在货物运输流动、流通加工、产品包装、货物储存、装卸搬运、货物配送、售后物流和物流信息处理等物流活动环节可能会发生的知识产权侵权或泄露商业信息等相关风险。

物流中的知识产权风险主要包括：

① 可能会发生因涉嫌侵犯他人知识产权的货物在海关被查扣和在第三方仓储被查封的风险。

② 可能会发生在产品流动过程中泄露相关技术或商业信息，在货物出口代理服务环节可能会泄露商品价格及客户信息等风险。

③ 跨境销售物流还可能会涉及与目的地国家（地区）第三人的知识产权相冲突的风险、出口物流环节商业信息泄露的风险以及可能由此导致无法完成交货，将面临的违约金和运费损失，还可能面临诉讼赔偿和产品在境外被销毁的多重风险。

因此，企业在货运代理、第三方仓储等过程中，一方面要注意防范泄露货物的品名、价格、客户信息、商品规格等相关商业信息。另一方面，企业需要加强对物流供应商的管理，尤其建议出口企业对代理报关和出运的物流服务商进行慎重选择并签署严格的服务合作协议。建议出口企业使用间接信息报关来保护自己的核心利益信息，如对于出口产品报关采取重量和总价报关。此外，企业还要注意防范内部人员的信息泄露，与关键岗位员工签署严格的保密协议。

物流服务类企业在提供物流相关服务的过程中也有可能侵犯他人知识产权，比如故意为侵犯他人商标权的行为提供仓储、运输、邮寄、隐匿、生产工具、生产技术或者经营场地等便利条件。建议物流企业对服务的客户所使用的商标进行核查，以防承担连带侵权责任。

（二）物流过程中的知识产权海关备案

知识产权海关备案是指知识产权权利人为取得海关对相关知识产权的保护而事先就自己拥有需要保护的知识产权向海关申请备案的一种操作程序，是海关依法禁止侵犯知识产权的货物进出口的一种措施。知识产权权利人向海关总署申请知识产权海关备案后，可以自海关总署核准备案之日起在全国各口岸享受到与知识产权有效期限相对应的保护期限。

办理知识产权海关备案后，如发现侵权货物准备出境入境时，海关有权主动对侵权货物进行调查，在日常监管中发现有侵权嫌疑的货物后可以主动扣留。

知识产权海关备案资料中除了知识产权权利信息外，还有知识产权相关产品的照片和商标等信息。海关扣留涉嫌侵权的货物时，会将货物的名称、数量、价值，收发货人名称，申报进出口日期，海关扣留日期等情况书面通知知识产权权利人。知识产权权利人还可以向海关申请查看扣留的货物。海关在无法判断是否近似或可能侵权时，会严格地执行查扣货物，并联系权利人来判断是否侵权。权利人确认侵权的，需要提供担保扣货；权利人未提出申请或者未提供担保的，海关应当放行货物。

企业在进行知识产权海关备案时，还可以添加出口合法使用企业，对于合法使用海关备案知识产权的货物，物流活动环节的货物出口会更加顺利。

在其他国家（地区），拥有知识产权的权利人也可以向该国家（地区）的海关进行知识产权备案。各国（地区）知识产权海关备案的要求和操作会有所不同，但备案程序和执法机制基本一致。

六、供应链管理

（一）供应链上游知识产权价值协同

供应链是指产品生产和流通过程中所涉及的原材料供应商、生产商、分销商、零售商以及最终消费者等成员通过上下连接组成的网络链条结构。企业在自身知识产权储备不足、发现商业机会或者面临相关知识产权风险时，可以考虑借助供应链上游企业的知识产权来满足自身需求。

供应链上游企业知识产权资产的价值协同方式主要为知识产权授权或许可。例如，可以通过知识产权相关合同进行所需要的单项知识产权授权或许可；也可以约定对供应链上游企业拥有的部分或全部知识产权以“打包”形式授权或许可；还可以考虑同上游供应链企业开展战略合作，通过战略合作协议约定上游企业的知识产权资产单向或相互授权或许可使用。还有一种通过成立知识产权联盟的方式来共享所有成员的知识产权资产，以实现供应链上游知识产权价值协同。

上述知识产权价值协同在传统商业合作中多以包销（也称“独家经销”）方式实现。包销是下游企业发现具有潜力的产品时常用的一种独占销售的手段，具体是指买方与卖方达成协议，在一定时间和区域范围内，卖方把指定商品的独家经营权授予该买方，买方承诺一定商业条件来作为对价，以此实现供应链上游知识产权资产的价值协同。

（二）来自供应链上游的知识产权风险

供应链上游的知识产权风险可能来自供应链的各个环节，从原材料到生产技术或工艺方法、从产品外观设计到产品结构设计、从购买组件到整机装配、从软件服务到硬件技术、从物流到海关出口等均可能涉及知识产权风险。这其中涉及的知识产权风险可能会来自专利侵权、商标侵权、著作权侵权、商业秘密侵权等。

供应链上游企业的知识产权管理能力和水平决定了知识产权风险的高低。企业可以对供应链上游企业的知识产权风险进行排查，或对供应链上游企业进行知识产权尽职调查。通过尽职调查，提前进行知识产权风险预警及应对。

供应链上游企业的知识产权风险应对手段主要有通过合同或协议对知识产权风险责任承担进行约定，以及要求供应链上游企业提供必要的知识产权担保。合同或协议主要约定供应链上游企业出售给下游企业的产品不存在侵害任何第三方知识产权的情况，还可以约定供应链上游企业提供的产品因侵犯知识产权而涉诉时，供应链上游企业应配合诉讼以及负担因诉讼发生的费用，包括诉讼费、保全费、公证费、调查费、律师费、判决赔偿金等。

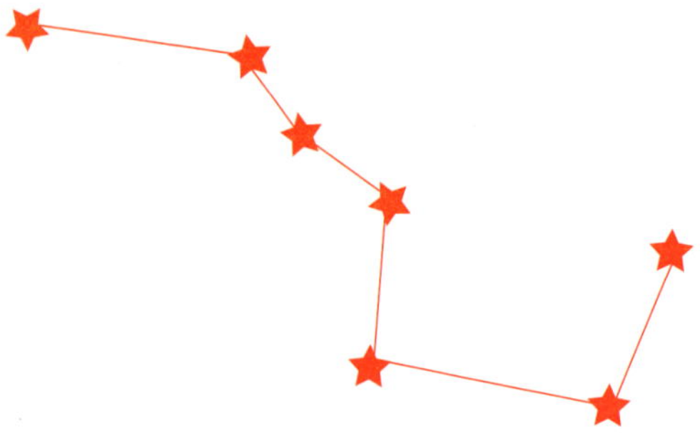

第七章

法务与知识产权管理

导 读

法务与知识产权事务，

往往紧密联系，相辅相成，

一位经验丰富的法务人员，

对合同管理、合规风控、争议解决涉及的知识产权问题有明确认知，

既有助于和知识产权部门的跨部门合作，

也有助于全面把控企业的风险，妥善解决诉讼争议。

您是否思考过如下问题：

1. 法务和知识产权人员如何分工合作？
2. 合同管理中需要注意哪些知识产权条款？
3. 企业的风险防控中要考虑哪些知识产权问题？
4. 如何借助知识产权更多地了解业务？
5. 涉及知识产权的争议解决应如何处理？

一、合同管理

（一）劳动合同中要约定的知识产权条款

1. 保密义务约定

保密义务是指劳动者在与用人单位建立劳动关系时，对其接触或者可能接触到的用人单位的商业秘密负有保密义务。为了保护持有商业秘密企业的合法权益，企业与劳动者可以在劳动合同中约定保密条款，也可以单独签署保密协议。

保密义务是一种法定义务，用人单位没有义务定期向劳动者支付保密费用。保密义务的期限与商业秘密存续期限相同，即只要商业秘密一直存续，保密义务就可以始终附随。

企业与劳动者签订劳动合同时应约定需要保密的信息，包括：

① 界定哪些技术信息和经营信息属于商业秘密；

② 明确需保密的人员和保密的方式，以及保密的期限、违反保密义务的违约责任等；

③ 除列举一般性的保密信息范围外，可以专门列举与该员工岗位相关的、企业重视的保密信息，也可以约定如果员工不确定

某信息是否为保密信息，则应按保密信息处理，除非企业或上级明确说明不属于保密信息。

保密协议的签订只是用人单位保密体系中的一个环节，还可以考虑制定保密制度，进行保密培训等强化保密意识。对于重要的保密信息，应通过技术加密、控制信息知情人员范围等措施增加保密效果。

2. 竞业限制约定

竞业限制是指用人单位与负有保密义务的劳动者约定在解除或者终止劳动合同后，劳动者不得到与本单位生产或者经营同类产品、从事同类业务、有竞争关系的其他用人单位，或者自己开业生产或者经营同类产品、从事同类业务。约定竞业限制条款是企业通过合同方式对劳动者就业权的一定限制，是企业保护自身商业秘密的手段。竞业限制与保密义务有关联，使用对象也有一致性，可以考虑一并约定在同一份协议中，对于重要人员也可以单独签订竞业限制协议。

竞业限制的约定具体而言包括：

① 竞业限制人员一般限于企业高级管理人员、高级技术人员和其他负有保密义务的人员，例如掌握客户信息的销售人员，可以视为“负有保密义务的人员”。对于比较低层的、没有技术含量也不掌握客户信息或其他商业秘密的人员一般没必要实施竞业限制。

② 对具体的竞业限制范围需要明确，可以列举重点竞争对手，必要时也可以限制竞业限制地域。

③ 竞业限制的最长期限为 2 年。在解除或者终止劳动合同后，在竞业限制期限内企业按月给予劳动者经济补偿。

④ 如果是员工入职或劳动合同履行中签署的竞业限制协议，则还需要考虑对在职期间的竞业限制也要作出约定，明确在职竞业限制没有额外补偿，同时应该约定违约责任。

（二）市场推广和广告合同中要约定的知识产权条款

广告是市场推广中常见的宣传方式。近年来，由广告宣传带来的知识产权侵权案件和纠纷频发。为了避免企业的声誉受到影响，企业在广告合同中应约定必要的知识产权条款，具体而言：

① 广告合同履行过程中产生的知识产权的归属问题应明确。广告合同一般会涉及广告制作、设计等方面的作品权利归属问题，应当明确约定上述权利的归属。通常情况下，广告主提供的广告内容、创意、设计等知识产权及收益应归广告主享有。建议在合同中明确约定：未经广告主书面同意，广告经营者、发布者不得擅自使用或者提供给任何第三方使用广告中涉及的内容。

② 应规定广告发布者在广告设计中不得使用未经授权的字体、图片及名称、商标等标识，广告中涉及专利产品或者专利方法的，应当标明专利号和专利种类。广告发布者应承诺发布的广告中不存在侵犯第三方知识产权的情形，并在合同中明确如若发生知识产权侵权，应由广告发布者承担赔偿责任及补偿由此对广告主带来的损失。

③ 广告主提供相关品牌、著作权等知识产权的使用授权后，应要求对方规范使用商标、标识等知识产权信息，不得改变商标、标识、作品的使用样式。

（三）销售合同中要约定的知识产权条款

在销售合同中需要嵌入必要的知识产权条款，约定各方当事人的权利和义务，避免合同履行过程中因知识产权引起纠纷。具体而言，在销售合同中通常应该约定如下知识产权条款：

① 对于产品销售中的具体事项（包括商务、财务、技术、产品信息等）应详细约定保密条款，包括界定哪些技术信息和经营信息属于商业秘密，明确需保密的人员和保密的方式，以及保密的期限、违反保密义务的违约责任等。

② 提供相关技术、品牌等知识产权的使用授权，并且要求对方不得超出授权范围使用，例如规定具体销售地域和销售产品，并要求对商标、名称、涉及专利号等标识信息规范使用。

③ 明确知识产权侵权责任承担条款；如若发生侵权诉讼，生产方或供货方和销售方通常都会被列为共同被告，此时由哪方来主导应对侵权诉讼、具体的赔偿责任如何分担均应在合同中予以明确。

④ 销售方有监控产品或服务是否被第三方侵权的义务；如若发现第三方侵权行为，应及时向生产方或供货方提供相关信息，看是否有必要提起诉讼，并就诉讼所产生的费用以及获得收益进行约定。

（四）技术委托开发或合作开发合同中要约定的知识产权条款

知识产权条款对技术委托开发或合作开发合同来说必不可少。企业在合同签订时应对知识产权成果的归属及其保护进行明确约定，避免后续出现知识产权权属纠纷，造成知识产权成果的流失。

① **应约定技术成果的权属。**对于技术委托开发项目，如果未作约定，通常认为委托开发过程中所产生的专利、技术秘密等知识产权归受托方。实践中也有在合同中明确约定支付委托开发费用后，所对应的委托开发技术成果的知识产权归委托方所有的情形。为避免日后发生纠纷，建议委托方和受托方在合同中明确权利归属，具体以合同约定为准。对于合作开发项目，各方合作前需要对知识产权权属进行界定和约定，包括：合作前各方分别有哪些背景技术和已有专利；在合作开发过程中如可能有改进形成的新技术、专利或源代码等，合同中需要对合作开发中取得成果的权属进行明确约定，约定各方按份共有的还应该规定具体比例。如果约定权利为（有贡献方）共有，则可以进一步约定任何一方未经共有方同意不得将权利转让、抵押或授权他人使用等。为了保证合作开发的顺利实施，合作各方通常会相互许可使用背景技术和已有专利。

② **应约定保密条款。**包括界定哪些技术信息和经营信息属于商业秘密，明确需保密的人员和保密的方式，以及保密的期限、

违反保密义务的违约责任等。

③ 明确知识产权担保条款。受托方或合作方应承诺交付的成果或开发过程中不存在侵犯第三方知识产权的情形，并在合同中明确如若发生知识产权侵权时的侵权责任承担。

④ 明确后续知识产权的管理与维护事务及相关费用的承担。通常情况下，对于共有的知识产权，可以由知识产权管理制度较为完善、能力较强的一方承担后期管理与维护事务，但是可以要求另一方支付部分费用。一般情况下，各方都负有监控是否被第三方侵权的义务，如若针对第三方侵权行为提起诉讼，所有共有权利人应达成一致，并就诉讼所产生的费用以及获得收益进行约定。

（五）采购合同中要约定的知识产权条款

在采购过程中，几乎所有的产品——从材料到外形，从结构到使用，从软件到硬件，从生产到操作——方方面面均可能涉及知识产权。因此，在采购合同中要约定知识产权条款，在促成合作的同时，最大限度地降低日后因为知识产权纠纷而影响企业商业利益的风险。为此，采购合同中至少应该约定如下知识产权条款：

① 针对供应商提供的产品以及相关生产过程，应约定获得供应商的相关技术、品牌等知识产权的授权，包括合理使用、组装以及销售或许诺销售的权利。

② 明确知识产权担保条款。要求供应商提供所涉物料的知识

产权不侵权责任担保。实践中，一些处于优势地位的供应商可能会拒绝提供担保，或者要求更高的对价。建议明确如若发生侵权诉讼的责任承担，明确由哪方来主导应对侵权诉讼，并可以要求一旦发生诉讼由供应商提供技术支持。

③ 如供应商提供的产品或服务中包含第三方知识产权，应要求供应商提供有关详情和使用限制（包括使用范围、使用期限等）以及其与第三方的许可使用合同或其他证明其可以合法使用的证据。

④ 对于采购中的具体事项（包括商务、财务、技术、产品信息等）应详细约定保密条款，包括界定哪些技术信息和经营信息属于商业秘密，明确需保密的人员和保密的方式，以及保密的期限、违反保密义务的违约责任等。

（六）代工或贴牌合同中要约定的知识产权条款

随着社会化大生产及全球化的推进，代工（original equipment manufacturer，OEM）/贴牌（original design manufacturer，ODM）生产模式已经被广泛采用。OEM 和 ODM 的主要区别就在于 OEM 是由委托方提出产品设计方案，且被委托方不得为第三方提供采用该设计的产品；而 ODM 从设计到生产都由生产方自行完成，仅使用定作方的商标贴牌。为了更好地管理加工生产中的知识产权，避免日后产生知识产权纠纷，需要在 OEM、ODM 合同中至少约定如下知识产权条款：

① 规范双方交互提供的技术信息和商业信息。对于商务、财务、技术、产品信息等，应详细约定保密条款，包括界定哪些技术信息和经营信息属于商业秘密，明确需保密的人员和保密的方式，以及保密的期限、违反保密义务的违约责任等。

② 约定生产过程中产生的技术成果的权属。对于 OEM 模式，因为产品设计方案由委托方提供，可以约定过程中所产生的专利、技术秘密等知识产权归属于委托方。对于 ODM 模式，可以约定生产过程中所产生的相关知识产权为 ODM 厂商所有。以上仅是建议的权属约定方式，具体实践中双方可以根据各自的诉求具体约定。

③ 侵权责任承担条款。具体规定如若发生侵犯第三方知识产权的情形时的侵权责任的承担方式。通常而言，如果委托方向生产厂商提供了技术或设计方案，则生产厂商的制造行为必然受委托方的控制并且产出或形成的产品也完全体现了委托方的意志，委托方应承担对应的侵权责任。如果定作方仅贴牌，应由生产厂商承担制造产品的行为产生的法律责任。

④ 委托方应提供 OEM/ODM 厂商对生产过程中所涉及的相关技术及品牌的授权，在产品包装、产品说明书等上标注名称、商标或其他标识。但是应要求对方不得超出授权范围使用，例如规定具体销售地域和销售产品，并要求规范使用商标、名称等标识信息。

（七）知识产权转让合同要点

知识产权作为一项权利或资产从一个权利人转移到另一个权

利人，对转让方和受让方而言，签订一份权利义务关系约束明确、合同内容考虑周全的转让合同，是非常重要的一项工作。

① 对于受让方而言，在转让前要做好尽职调查，确保被转让的知识产权真实有效。调查内容包括权利是否稳定（商标是否被申请撤销、异议或宣告无效，专利是否被申请宣告无效），是否存在质押等。如权利已被质押，则需要谨慎考虑。

② 转让方应披露全部与拟转让知识产权有关的许可情况，并在转让合同中列明被许可方名称、许可方式、许可期限、许可地域范围以及对被许可方权益的处理方式。

③ 双方应明确拟转让知识产权的名称、专利/商标注册号、专用权期限等信息。尚未获得授权或注册的专利/商标申请也可以转让，但是应约定清楚如未获得授权或注册的情况下的处理方式。另外，还要确保在转让完成前维持知识产权权利有效。由于转让申请的核准周期较长，如果合同签订日期临近商标专用期限届满日，则应约定转让方要办理续展。

④ 约定转让费用及其支付方式。转让费可以是一次性付费，也可以分期付款。对商标转让费用建议分期支付，由于商标转让申请核准有一定周期，因此受让方一般分别以合同签订和知识产权管理部门对转让申请核准公告作为时间节点，向转让方分期支付转让费用。此外，还应约定转让方和受让方都应该按照知识产权管理部门的要求提交材料，确保转让手续办理顺利。

⑤ 明确责任承担。可以约定如知识产权存在权利瑕疵（例如

转让后被宣告无效等），转让方应承担违约责任；也可以约定如侵犯其他方的在先权利，转让方应承担赔偿责任。

⑥ 对于商标转让，如转让方有相同或近似商标，应一并转让。如果因核准周期等原因导致受让方不能立即成为商标权人，则可以约定商标转让合同生效后至核准公告期间，受让方有权独占使用拟转让商标，并且建议明确约定在此期间内，受让方对拟转让商标享有独立且完整的诉权。

⑦ 知识产权转让如果涉及某些特定领域的技术进出口问题，还应注意严格执行我国及涉及相关国家的进出口管制法律法规，核查相关技术是否属于限制出口技术的范畴。确定可以合法进出口后，再考虑具体的转让事宜。在技术出口活动中，出口技术为我国政府明确的禁止出口限制出口技术目录中限制出口的技术时，涉及专利权、集成电路布图设计专有权、计算机软件著作权等知识产权的，应按照我国《知识产权对外转让有关工作办法（试行）》有关规定，按程序报批审查。

（八）知识产权许可合同要点

知识产权许可并不转移所有权，只是让渡了部分知识产权的使用权。知识产权许可合同，尤其是专利许可合同是涉知识产权合同中条款内容最为复杂、专业性要求最高的一类合同。在签订合同时，通常需要考虑以下几点：

① **被许可方的尽职调查。**对于被许可方而言，在许可前要做

好尽职调查，确保被许可的知识产权真实有效，并且确定权利是否有不稳定风险。调查内容包括权利是否稳定（商标是否被申请撤销、异议或宣告无效，专利是否被申请宣告无效），是否存在质押等。如权利已被质押，则可能存在风险。

② 明确关联企业。在合同最前面需要确定关联企业的定义。这决定了被许可方的哪些企业主体可以获得许可。

③ 明确被许可的产品范围。对于专利许可而言，通常会要求被许可方提供其产品的品牌清单。对品牌持有人与产品生产商相分离的情形，例如 OEM、ODM 以及第三方贴标的产品是否属于被许可产品，专利许可合同应明确约定。对于商标许可而言，需要明确商标使用方式、使用规范以及使用的产品类别，不得超出范围擅自使用到新的产品或者不规范使用商标；还要约定产品的质量保证，避免因为授权许可影响品牌声誉。

④ 明确许可方式。明确许可的类型是独占许可、排他许可还是普通许可，许可的地域范围以及约定许可的使用期限。一般而言，许可人更希望是较小范围的普通许可；而对于被许可人而言，可能更希望获得更大范围的独占许可或排他许可，以助其获得竞争优势，但是这种情况下往往也需要支付更高的许可费。

⑤ 许可费用及其支付方式。许可费可以是一次性付费，也可以根据实际生产或销售情况分期付款。一次性付费对被许可人的资金支付能力要求比较高，通常用于小规模的许可项目。实践中更多采用的是分期付款，但是采用此种形式，被许可人需要向许

可人报告生产或销售情况，而这会导致对一些大型的专利许可项目而言，许可人需入场审计，需考虑由此对生产经营带来的影响。

⑥ 明确是否允许转授权。如果允许被许可方再转许可给其他人，那么权利人可能对之后获得转许可的主体缺乏直接合同约束。这在一定程度上会削弱权利人对其知识产权权利的控制。

⑦ 明确侵权责任。应约定如侵犯其他方的在先权利，许可方应承担赔偿责任。

知识产权许可合同的签署专业性较强，复杂程度较高，对于特定情形的知识产权许可，建议企业咨询知识产权领域熟悉许可事务的专业机构或人员。

（九）知识产权转让许可备案

知识产权的转让并非签订合同即生效。对于专利或商标的转让，必须经知识产权管理部门批准。在我国，专利或商标转让，双方当事人必须订立书面合同，经国家知识产权局登记或核准后生效。尤其是对于商标，如果类似商品上的近似商标没有一并转让，或者转让容易导致市场混淆或有其他不良影响，国家知识产权局可能对该转让不予核准。转让专利或商标可以通过官方网站的电子申请途径，也可以面交或委托代理机构办理。

对于著作权的转让，可以根据实际情况约定著作权转让合同备案事宜、计算机软件著作权转让登记事宜。若拟转让已登记的软件，为不影响受让方对软件的使用，双方可以约定受让方办理著作权登记时转让方的协助义务及费用承担主体。在中国版权保护中心办理转让时，受让方可以直接选择计算机软件著作权登记，权利取得方式选择“受让”，也可以选择计算机软件著作权转让合同登记，来获得著作权登记证书。对于其他著作权，并没有规定转让必须登记才能生效，但是受让方要辨别转让方是否享有著作权、著作权是否完整无瑕疵、是否有其他转让记录通常比较困难，也很难阻止著作权人和第三人再次签订转让合同。因此，建议受让方到中国版权保护中心办理合同备案，以获得最大限度的法律保护。

知识产权的许可可以在知识产权管理部门办理备案登记手续，不作为强制要求，也不是许可合同生效的要件，但是合同备案登记具有对抗第三人的效力，具体体现在：

① 对于独占性或排他性许可合同而言，如果没有备案登记，权利人违反约定再次向第三方授权许可的，第三方以善意第三人抗辩，在先独占性或排他性被许可人不得追究其侵权责任，但可追究权利人的违约责任。

② 如果在先许可没有备案登记，权利人再次向第三方发放独占性或排他性许可并经备案的，在后独占性或排他性被许可人可以对抗在先被许可人，从而禁止在先被许可人使用知识产权。此种情况下，在先被许可人可通过追究权利人违约责任获得救济。

因而，许可合同最好还是约定双方需要对许可合同进行备案登记以及费用承担主体，并配合提供许可备案所需的材料。办理许可备案，可以通过官方网站的电子申请途径，也可以面交或委托代理机构办理。

二、风险评议与情报

（一）如何了解竞品的业务方向

随着行业竞争越来越激烈，为了获取竞争优势，企业不仅要保持自身创新发展，还要时刻关注竞品市场和技术。了解竞品的业务方向，既有助于企业通过对比分析了解各方技术优劣势，帮助其作出最优选择，也有利于企业把握行业发展趋势，抢占技术制高点。

企业要获取竞品的技术和研发方向，开展如下工作会有所帮助：

① 关注最新发布的竞品宣传信息，例如通过行业会议或者新品发布会了解。

② 购买竞品，通过产品分析竞品的技术和研发方向。

③ 检索专业数据库，最好由专业的技术人员或者熟悉该领域技术的知识产权从业者检索。从事的行业不同在选择数据库时侧重点也不同。例如，互联网行业可以检索行业内的产品论坛，通信行业可检索通信标准、专利数据库。

建议有条件的企业可以建立知识产权信息定期跟踪机制，从竞争对手企业以及技术领域等角度切入进行检索，提取竞品的关键技术点，从其申请的系列专利总结出其技术发展路线并预判其未来研究方向；通过多个竞品的技术跟踪，研判行业技术密集区和技术空白区等。

此外，对公开的商标公告和著作权信息的关注还有助于了解竞争对手拟拓展的业务方向。例如，竞争对手新注册了某个类别的商标，可能表明竞争对手拟拓展业务到新的领域；从竞争对手新登记的软件著作权也可以看出拟上市的新品或研发方向。

（二）如何及时发现自己的品牌或技术被他人使用

随着逐步发展，企业会逐渐积累自己的优势技术，品牌价值也会升高。如果技术被他人使用，品牌被他人模仿或冒用，势必会对企业的核心竞争力造成不利影响，放任不管只会削减企业的市场份额。因此，企业自身应该建立常规信息跟踪机制。

① 明确企业潜在的合作伙伴和竞争对手作为信息跟踪对象。

② 从商标公告和专利公开信息了解掌握竞争对手已经使用或拟使用的最新技术和品牌信息，必要的时候及时对商标提起异议或无效宣告请求，对专利提出公众意见或无效宣告请求。

③ 对竞争对手的产品定期跟踪，关注各大电商平台及线下销售渠道的产品销售信息与广告宣传，必要的时候购买竞品，以进一步了解产品细节，评估侵权风险与可能被侵权的专利。如存在较大的侵权风险，应该公证购买，并完整保存相关侵权证据，随时根据市场需要做好维权准备。

④ 企业还可以利用上下游渠道获知更多的潜在侵权信息，如供货商、生产商、销售商可能还会有其他的合作伙伴，通过这些渠道能更多地了解行业的信息，可以辅助企业从该渠道全面地获取信息。

（三）知识产权风险评议要点

企业在国内销售新产品或将已有产品销往其他国家（地区）时，可能存在侵犯第三人知识产权的风险。如果被起诉，往往会面临高额赔偿，甚至还会收到禁令，产品被禁止继续销售。这将会给企业造成重大影响，使得企业前期的研发和生产制造成本投入无法及时收回，也会对企业声誉造成不良影响。因此，在立项研发和生产制造的同时，至少在产品销售前，企业就应该及早做好预防和规避有可能产生的侵权风险。具体而言，企业可主要从以下方面开展知识产权风险评议：

① 项目立项前进行风险分析，包括竞争对手产品现状、专利现状、商品名称、型号和标识（Logo）设计等，根据风险分析结果调整并确定立项方向，降低立项项目侵犯第三人知识产权的风险。

② 在产品发布、上市、参展之前，完成专利申请的递交、商标的注册申请、软件著作权的登记，以确保产品发布或上市不会造成在先公开而导致技术成果无法再进行专利申请，或商标被抢注。

③ 在产品发布、上市、参展之前，对产品以及所涉及的核心

技术进行专利自由实施（freedom to operate，FTO）分析。值得注意的是，由于知识产权具有地域性，如果是在海外市场上市或参展，需要针对产品拟上市或参展的国家（地区）进行针对性分析。此外，需要对产品发布或宣传过程中的商标、图片、字体等全面筛查侵权风险。

④ 定期对产品所涉及的知识产权状况进行全面梳理和分析，制订知识产权保护和风险规避方案等，对有侵权风险的产品进行规避和改进，针对改进的技术方案可进一步用专利保护。

（四）企业“走出去”的知识产权风险防控要点

随着越来越多的国内企业逐步将市场扩展到海外，企业“走出去”中遇到的海外知识产权纠纷也越来越多，特别是一些国家（地区）的知识产权保护措施比较严格，如美国、德国等，频频发起“337 调查”或执行各种严厉的知识产权惩罚措施，防范和有效化解海外知识产权风险成为国内企业进军海外市场中面临的迫切问题。

企业在进入海外市场（包括销售和展会）前，应充分了解拟进入国家（地区）的知识产权环境，包括：法律法规、救济途径、保护力度等。企业可从以下五个方面做好风控准备。

① 提前进行知识产权布局。知识产权审批获权需要一定的时间，企业应提早在拟开展业务的国家（地区）进行知识产权布局，尤其是知识产权保护严格的国家（地区）以及自身与竞争对手产品和市场所在国家（地区）。针对产品的外观、结构以及核心技术

做好专利布局；针对名称、标识做好商标布局，避免知名度提高后被他人抢注；针对国外官网拟用的域名提前注册。

② 充分做好海外知识产权风险防范。在进入海外市场之前对产品进行 FTO 风险排查。定期对竞争对手的海外专利资产、高风险专利等内容进行排查，对海外 NPE 在该行业的活跃程度进行调查，做好风险评估，必要的时候进行规避设计。对产品、包装、宣传资料、企业海外网站的信息进行核查，排查是否有违法违规使用商标、著作权的行为。如果在进入海外市场前收到警告函，应予以高度重视，确认是否存在实质性侵权风险。如确有风险，应积极与对方开展谈判，尽量避免走到诉讼程序或收到禁令。

③ 关注技术出口管制问题。针对某些特定领域的技术出口到境外的情况，要注意严格执行我国及技术出口目标国家（地区）的进出口管制法律法规，有时还会涉及一些国家（地区）的出口管制条例，应核查相关技术是否属于限制出口技术的范畴，同时还应关注管制清单不定期的调整变化。对外转让我国明确限制出口的技术时，涉及知识产权的应按程序报批审查。

④ 关注海关风险。在产品进出口环节，如果存在知识产权侵权行为，国家（地区）海关可能对产品进行查扣。建议企业应高度重视知识产权，避免侵权行为的发生。同时，可以定期关注竞争对手的知识产权海关备案情况，尤其是对于侵权判断较为简单的外观设计专利及商标的备案情况。对于发明专利，侵权判断需要较专业的知识，通常权利人会向海关举报和申请，并向海关提

交货物等值保证金。如果认为未侵犯专利权，被扣的货主可以向海关提供反担保金，尽量争取海关的放行。

⑤ 平行出口问题。因市场营销策略的需要，商标权人出售给海外经销商或者海外被许可使用商标的生产企业生产的商品价格可能与国内市场有差异，国内经销商的产品平行出口后，可能会对商标权人的海外市场造成一定冲击。建议建立产品侵权及平行出口情况监测机制，在不明出口公司出口货物的情况下，通过产品序列号以及防伪溯源的方式对货物进行排查，必要时可借助海关的措施对市场行为进行规范化管理。

此外，对于企业通过自身提前较难防范的相关风险，还可以考虑商业联纵，通过寻找能解决知识产权风险的代理商、渠道商、技术合作伙伴来规避相关风险。近年来，国家知识产权局联合中国国际贸易促进委员会共同设立了国家海外知识产权纠纷应对指导中心，截至 2021 年底在北京、上海、广东、江苏、浙江等多地设立 22 个地方分中心；建成海外知识产权信息服务平台“智南针网”（www. wolrdip. cn），为企业提供海外知识产权风险预警和纠纷应对指导等服务。企业可对公共服务资源加以充分利用。

三、争议解决

（一）收到与图片字库等版权相关的律师函

企业可能会收到《字体使用提示函》《图片使用提示函》《商

洽函》《侵权函》等，被指责“在包装装潢、企业商铺、网站、官方微信和户外广告等行销行为中使用了未授权的字体或图片进而构成侵权”。这些函可能是权利人或利益相关方发来的，理由是企业未经其同意或授权，使用了其图片或字库。

企业遇到此类事件时，内部处理有两个要点：

① 自查摸清是否存在所述行为。市场、法务部门人员一起自查摸清是否存在使用、具体使用场景、使用次数等。

② 摸清内情后，从专业角度判断是否侵犯其知识产权。侵权判定可以由内部知识产权管理人员进行，也可以邀请外部专业律师来进行。

根据初步排查和判定，如果确定有侵权风险，建议与对方律师进行接触并争取和解，支付合理的知识产权使用费。如果对知识产权使用费的认知存在分歧，可以通过诉讼争议渠道解决。

对这类事件处置不当的风险在于：

① 企业可能会遭遇对方发起的诉讼。

② 如果被扩大宣传，会对企业商誉造成一定的影响。

③ 如果在企业关键节点上（如上市进程中）遭遇，则有可能会对企业经营造成重大影响。

对于这类事件的内部管理建议：为需要使用图片或字库等开展的商业行为采取一些防御性策略，比如对使用的图片或字体及时联系版权方采购正版；使用免费授权的图片或字体；对商业活动的宣传资料及时排查，确保不使用版权不明确的字体或图片；

若字体或图片由第三方提供，需使第三方明确使用用途，并获得许可。

（二）企业员工违规使用盗版软件收到律师函

有些时候，企业会收到软件商或者受委托律师发来的关于使用盗版软件的律师函。使用盗版软件有可能是企业员工正版意识薄弱而无意为之，也可能是企业未能规范管理导致。

这样的律师函是一个常见的商业法律行为。市场上有一些积极维权的软件商（如 Microsoft、Adobe、Protel 等）会频繁、大量地向企业发此类律师函。有的律师函是对方海量发放的，也有的是在取得了一定证据之后定向发放的。企业如果置之不理，可能会导致企业被起诉或行政查处，商誉受损，承担经济赔偿责任。

企业收到这类律师函后，建议作如下处理：

① 确认律师函的真伪，了解该软件商的过往维权经历。

② 对企业内部使用软件的情况组织全面自查。

③ 在专业人士的帮助下，要求对方提供证据，同时与对方积极沟通。

④ 综合考虑该软件的可替代性、对方提供证据情况、企业发展对该软件的依赖性等因素，决定应对策略。

⑤ 提高员工的正版意识，加强企业的软件正版化管理。

（三）产品被线上投诉下架

随着《电子商务法》的推出，成熟的电商平台都在大力推进平台治理。为了达到侵权产品快速下架的目的，一些权利人会选择线上投诉这种快捷经济的维权方式。线上投诉的内容以简单且容易判别的侵权类型居多，如产品外观被投诉外观设计专利侵权、使用的标识或名称被投诉商标侵权，或宣传图片被投诉著作权侵权等。投诉方投诉后，平台方会至少给产品销售商一次申诉的机会。

企业如有产品被线上投诉下架，在收到投诉通知后，建议：

① 首先了解电商平台的具体维权规则，确定产品是否属于应下架的情形。

② 自查产品是否有侵权的可能性，判断是否侵权不能仅凭企业的主观判断和直觉，而是需要专业人士的专业意见。

③ 如果并未侵权，应利用申诉机会积极与平台沟通，出具详细的分析报告向平台方说明不侵权的理由，比如外观、商标并不构成近似，具体使用的商品或服务与对方注册商标的类别不同；或向平台方阐明使用的产品名称、标识、宣传图片是经过合法授权的，并提供相应的授权书。

④ 如果确实存在较大的侵权可能性，可以联系投诉方，争取获得其授权、许可或通过其他方式协商解决，在尊重知识产权的同时保护企业在电商平台的信誉或评级。

⑤ 建立对网络销售产品的预先审查机制。

（四）因产品侵权被投诉到行政管理部门

行政保护是我国知识产权保护制度的一大特点。企业可能会因专利侵权、商标侵权、侵犯商业秘密等被投诉到各地的行政管理部门。各地行政管理部门按照职能进行行政裁决或行政执法，依法对知识产权纠纷作出处理。行政保护的特点是效率高、专业性强。行政管理部门可以进场调查、作出责令停止侵权的决定等，针对商标侵权和专利假冒行为还可以处以罚款。存在重复侵权行为或者受到行政处罚会影响企业的信用记录，企业应特别予以重视。

企业在收到行政管理部门的立案通知后，需要迅速组织专业团队进行侵权分析。如果分析结果是侵权风险不高，则可在收集证据的基础上，积极答辩。如果分析结果是侵权风险高，对于商标侵权，企业需要做好换标的准备，并且准备应对处理决定；对于专利侵权，企业可尝试与投诉的专利权人协商，通过支付使用费或其他方式进行和解；如果无法达成一致，需立即停止侵权行为，寻找替代方案。

相比于法院诉讼，行政保护的优点是速度快、程序简单、可以尽快地制止侵权行为，但是行政程序中并不能直接作出赔偿损失的决定，只能应双方请求就赔偿数额进行调解。如果希望进一步要求损失赔偿，权利人则需向法院提起诉讼。实践中，这两种情况经常同时出现。

（五）因产品侵权被起诉到法院

产品侵权可能涉及的知识产权侵权类型较为广泛，包括专利侵权、商标侵权、著作权侵权、集成电路布图设计侵权、商业秘密侵权等。一般情况下，如果企业直接收到了法院的应诉通知书，则说明起诉方在这之前已经做了诸多的诉前准备。这是市场竞争中一种比较常见的竞争方式，被诉企业应慎重对待。如果最终败诉，企业可能面临产品被禁止销售，赔偿经济损失甚至企业负责人承担刑事责任等后果。

企业在收到应诉通知书后，最紧要的有以下几个应对要点：

① 迅速成立应对诉讼的团队，内部团队的成员至少包括来自市场部门、技术部门、法务部门、知识产权部门、公共关系部门和企业决策部门等的相关人员。

② 迅速寻找优质外部专业法律资源。如果临时寻找法律资源，通常效率较低。建议企业平日注意考察和储备一些外部专业法律资源，包括律师事务所、外部专家顾问、鉴定机构等。

③ 建立适合自身的内外部合作机制，储备必要的案件成本预算。因诉讼时限性要求严格，企业应迅速应对法院的通知。

④ 在自查分析是否侵权的同时，应该将视角上升到企业市场竞争的高度，尽快确定该诉讼背后的商业意图，以便准确决策。

实际处理案件时，在不同的情况下企业应选择不同的应诉策略，具体包括：

① 如果初步判断不侵权，可以直接作不侵权抗辩。

② 打击对方的权利基础，例如提起专利、商标无效程序。一旦失去了权利基础，对方就只能撤诉或被法院驳回诉讼请求。

③ 如果有证据表明起诉方的知识产权是恶意取得的，提供相应恶意证据，诉讼请求也可以被驳回。

④ 如果不知道使用或者销售的是侵权产品，能证明该产品合法来源的，此种情况不需要承担赔偿责任，可以作合法来源抗辩。

⑤ 对起诉方提起反诉，迫使对方和解或撤诉。

⑥ 双方通过谈判达成和解，获得对方知识产权的授权或许可，在许可范围内使用。

具体案件中，可以选择一种或几种应对策略结合使用，并视案件进展情况进行调整。

（六）产品因侵权被海关查扣

企业在出口或进口的过程中都有可能因知识产权侵权行为而被各国家（地区）海关进行查扣。海关进行查扣的依据是该国家（地区）的海关知识产权备案系统备案的内容。

海关知识产权备案是指权利人将拥有的知识产权在海关进行备案，为海关查扣侵权产品提供依据。备案的知识产权包括：专利（发明、实用新型、外观设计）、商标、著作权和与著作权有关的权利。中国海关备案系统备案的知识产权内容可以通过网络进行公开查询，网址为http：//202.127.48.145：8888/。

知识产权海关查扣大致可以分成两大类：

① 涉及商标和外观设计、比较容易直观判断侵权的。如果海关初步判断侵权，就会发给权利人进行比对。如果权利人判断为疑似侵权，海关则会对该批货物进行行政查扣。

② 涉及技术的专利侵权。海关对于专利侵权的行为一般依照权利人的申请进行查扣。

实践中，如果是以权利人的举报和申请为基础查扣，知识产权权利人在主张知识产权侵权的过程中，应当向海关提交与货物等值的保证金。而对于被扣的货主，如果认为未侵犯专利权的，可以向海关提供与货物等值的反担保金。海关收到担保金后，如果权利人未在法定期限内起诉，或要求诉讼中财产保全的，货主可以向海关要求放行，并要求海关退还相应的反担保金。

值得一提的是，海关知识产权查扣到的商品并不一定都是“假货”，也有“正品”。对于假冒商标的“假货”，权利人有权对该货物的报关单位以及出口单位发起侵权诉讼，同时要求海关对该侵权货物进行销毁；如果货值较大，还可以追究其刑事责任。但是有些被海关依据备案商标查扣的商品有可能是不同的代理商未经权利人允许而进出口的“正品”商品。这种情况下，海关也会以商标疑似侵权发给商标权利人予以确认。所以，实践中也有一些企业（权利人）通过关注知识产权海关查扣情况对代理商“串货”的行为进行规范管理。

海关知识产权查扣的另一个特点是处理时间较短，可能仅有三五天的时间留给企业进行处理和反馈，且各国家（地区）海关知识产权保护力度不同，形式多样。因此，涉及进出口业务较多的企业，应该对这类业务予以足够的重视并做好充分准备。

（七）核心技术被抄袭或窃取

核心技术是企业赖以生存和发展的生命线，是企业产品保持突出优势的竞争力，一旦被抄袭或窃取，影响重大。

核心技术被抄袭通常有两个常见原因：

① 技术以专利、论文、产品发布或其他方式被公开了。

② 竞争对手获得产品后通过反向工程破解。

如果企业的核心技术已有对应的授权专利，则可以通过主张专利侵权的方式进行维权。

具体操作时，通过主张专利侵权方式维权的，既可以向法院提起诉讼，也可向市场监督管理部门提起行政投诉，或者两者相结合。实践中，需要先对可能侵权的产品进行公证购买，然后与企业拥有的专利进行侵权比对分析，还要对企业拥有的授权专利进行稳定性分析。如果认为专利稳定性较高，并且对方产品落入专利的保护范围，才可以考虑具体的维权举措。

核心技术被窃取常见原因也有两个：

① 核心技术作为技术秘密保护不当导致被合作方获得。

② 掌握核心技术的人员离职带走了核心技术。

对于这样的情况，企业可以通过主张侵犯商业秘密的方式来维权。

通过主张侵犯商业秘密进行维权成功的，侵权人除承担民事赔偿责任外，情节严重的，还可能会承担刑事责任。这里的商业秘密主要是技术秘密，具体可能是制造工艺、技术参数、源代码、配方等。在商业秘密案件中，最重要的步骤是：

① 举证核心技术构成了商业秘密，即证明该核心技术是否确实构成技术秘密，企业是否采取了充足的保护措施，该核心技术是否具有商业价值。

② 证明侵权人接触了技术秘密并以不正当手段获取或使用了该技术秘密。

具体实践中，技术秘密类案件存在取证难的特点，权利人自行调查的手段通常难以实现，可以通过向法院申请调查取证或证据保全、向市场监督管理部门投诉通过行政查处程序取证或向公安机关报案等方式获取证据。

需要指出的是，无论是针对专利侵权的维权方式，还是针对商业秘密侵权的维权方式，均涉及比较复杂的法律专业问题，企业需要在得到专业的判断和意见后再进行决策。另外，这两种维权的方式需要企业投入的资金成本、时间成本都比较高，且最后的维权结果具有不可控性。

因此，建议企业以加强自身的核心技术的管理为重点，在专业意见的指导下，合理规划核心技术的具体保护形式是专利还是技术秘密。特别是对核心技术，应建立一套完善的技术秘密保护措施，防患未然。

（八）品牌被别人模仿或冒用

品牌承载着商誉，是企业重要的无形资产。随着企业逐步发展，品牌价值持续升高，也会遇到品牌被模仿或冒用的情况。

企业在进行品牌维权时可以采取的方式包括：向法院提起诉讼；向市场监督管理部门进行行政投诉；向电商平台投诉；与侵权方协商解决等。进行上述品牌维权有两个前提条件：① 已经获得了注册商标；② 已固定侵权证据。

企业维权操作的具体建议如下：

① 在维权前，首先要评估模仿或冒用商家的规模和意图，并固定侵权证据。

② 结合侵权产品，根据其类别、相似度、本企业商标的注册时间选择合适的商标，根据不同的维权目的选择不同的维权方式：如果是为了快速下架，批量处理，可以通过简单的电商平台投诉方式；如果是为了整顿下游销售渠道，治理经销商串货、售假、乱价，可以通过协商解决或电商平台投诉的方式；如果是为了追击制假、售假源头，可以向市场监督管理部门投诉，对侵权商品进行查封或扣押并给予侵权方行政处罚，也可以采取向法院提起诉讼的方式，除禁售侵权商品外，还可以主张经济赔偿。

③ 如企业尚未取得注册商标，可以尝试通过主张构成不正当竞争的方式向法院起诉。但是这种情况需要企业准备非常充足的

使用证据以证明该品牌已经达到了较高的知名度和影响力，才有可能得到法院的支持。通常来说，企业证明自身品牌知名度的举证责任会比较重。

④ 企业提前做好品牌布局，及时进行商标注册，包括主商标注册和防御性注册，并完整地保存品牌使用证据，以便需要的时候高效维权。

（九）域名被抢注

有不少企业在希望把商号、商标或者某些特殊的信息进行域名注册时，发现相关信息已经被第三方注册或者恶意抢先注册成域名。

互联网的发展使得域名的重要性凸显，域名甚至被称为“网上商标”，和商标、商号、App、微信公众号等企业的形象标识物一起成为企业重要的无形资产。域名注册遵循“先申请先注册原则”，由管理认证机构根据在先企业提出的申请而进行核准。因此，在世界各地的域名注册服务机构注册的每一个域名，都是独一无二、不可重复的。

在这种情况下，建议企业组织内外部专业人员，根据每个案件的具体情况以及获得域名的紧迫性，进行应急处理。以下几种方法有助于将域名转回企业：

① 向域名所有人发送律师函；

② 协商购买；

③ 匿名购买；

④ 民事诉讼；

⑤ 域名仲裁程序；

⑥ 将域名监测起来，一旦过期未续费，则自行注册；

⑦ 监测网站是否有侵权内容。

实践中，品牌知名度较高的企业购买域名，可能需要更高的价格，此时可采取匿名购买的方式。另外，建议有条件的企业建立必要域名保护策略和工作机制，对拟使用的域名及时进行保护注册，同时进一步对相关的域名进行补充注册。

域名小知识

.COM 用于商业机构，是最常见的顶级域名；

.NET 最初是用于网络组织，例如互联网服务商和维修商；

.ORG 是为各种组织（包括非营利组织）而定的；

近期较热门的顶级域名有 .AI、.TOP、.SHOP、.XYZ、.Video、.IO 等。

（十）核心商标被人抢注

实际经营活动中，“有产品无品牌，有品牌无商标”的案例屡见不鲜，经营多年的商标被他人抢注的现象也不少见。有些抢注是竞争对手的商业行为，但更防不胜防的是某些专门的商标抢注机构有组织、有目标地进行大批量抢注。

中国商标注册采取的是先申请原则。在商标已被抢注的情况下，企业只能在原有的产品范围内继续使用该商标，一旦扩大使用范围，比如扩大产品类型和类别，就可能产生侵权风险。

如果发现被抢注的商标尚未获得注册，比如还处于公告期，这是阻止其获得注册的最佳时期，可以通过向国家知识产权局提交异议的方式来维护企业的在先权利。

如果该商标已经取得了注册，企业可以通过“注册商标没有正当理由连续 3 年不使用的”这一理由，在商标注册 3 年后提出撤销该注册商标，或者也可以直接向国家知识产权局提起对该商标的无效宣告请求。当然，也可以考虑协商购买。

虽然法律上对商标抢注有一些事后的救济措施，但是其耗费的成本会是商标注册成本的几十倍甚至更高，耗费的时间也会更长，其结果也充满不可控性。因此，建议企业及早注册并注意留存自身的商标使用证据，如最早的商标使用证据、宣传推广证据、所获荣誉等任何能够证明未注册商标知名度、经营范围的相关证据。

商标权具有地域性，目前出现了很多我国知名品牌的商标在海外被抢注的情况。企业应在重要贸易目的地、竞争对手所在地或商标抢注较为高发的一些国家（地区）尽早注册商标，避免事后救济（程序长、成本高）。

（十一）产品开发涉及的开源软件是否可免费使用

开源软件在企业研发活动中得到了越来越多的使用。开源的精神在于使用者可以使用、复制、散布、研究和改进软件。目前，诸如 Linux、Apache、Eclipse 等众多开源项目已被大众所知悉，而且由于其具有节省开发成本、易于实时改进、高质量等优势在业界被广泛使用。

但开源并不意味着完全免费，开源软件仍然会涉及专利、商标、著作权、商业秘密等方面的法律保护。企业如果使用了开源软件但并未遵守其合规义务的话，可能会面临以下法律风险：

① 巨额赔偿。2003 年，美国圣克鲁斯公司（Santa Cruz Operation，SCO）对国际商业机器公司（International Business Machines Corporation，IBM）提起诉讼，控告 IBM 将其尤尼斯（Unix）操作系统中的某程序代码移植到林纳斯（Linux），要求 IBM 就不正当竞争、违反合同和侵犯商业秘密等给予 10 亿美元的赔偿。

② 赔礼道歉。2017 年，某企业宣布将其微服务框架开源。2018 年，某人在某开源软件托管平台上提到自己开发的代码被改头换面做成了一个新的微服务框架。随后，该微服务框架项目的相关开发人员在平台进行回复，并就“照搬”代码的问题向原作者道歉。

③ 数据泄露。2018 年，某集团旗下酒店开房记录疑似泄露，并被在黑市进行售卖。这些信息中包含姓名、身份证号码、手机

号，甚至有家庭住址。造成该集团数据库泄露的原因是，其工作人员将公司代码上传到某开源软件托管平台上时，数据库配置信息也被同时传上，黑客利用此信息实施攻击并成功拖库。

对产品开发涉及开源软件的企业，建议建立必要的相关工作机制，包括：

① 加强对所涉及的各类开源许可证的解读和理解。

② 根据不同发展阶段设置不同的开源软件管理组织；对中小企业而言，建议设置专职或兼职的开源管理组织或岗位。

③ 建立源代码审查机制，对开源软件进行必要的流程管理。

（十二）员工离职引发商业秘密侵权纠纷

企业与员工之间的纠纷占所有商业秘密纠纷案件的绝大多数，而其中多数又是由员工离职引发的商业秘密纠纷案件。员工离职引发的商业秘密侵权纠纷通常有三类：

① 离职员工窃取原单位商业秘密并在新单位使用。

② 离职员工自己或与他人共同设立新公司，使用原单位商业秘密。

③ 离职员工隐名在幕后操纵他人使用原单位商业秘密。

商业秘密是企业的财产，包括技术信息和商业信息，例如设计、程序、产品配方、制作工艺、制作方法、管理诀窍、客户名单、货源情报、产销策略、招投标中的标底及标书内容等。

企业经常误认为自己觉得是秘密的信息就是商业秘密，其实不然。法律上认定的商业秘密必须同时具备三个特征：

① 不为公众所知悉；

② 具有商业价值；

③ 经权利人采取保密措施。

只有同时满足这些条件才能得到法律的保护。

企业被侵权后，可以先进行商业秘密的鉴定，再进行商业秘密的立案诉讼。商业秘密诉讼立案需要有充足的证据，取证费、鉴定费、诉讼费和律师费是主要成本支出项目。

对于企业而言，事先预防远比事后救济重要得多。虽然企业可以通过民事诉讼途径主张并获得赔偿，但是由于商业秘密具有“一旦丧失就永远丧失”的性质，其价值往往已严重受损。企业内部构建商业秘密保护体系需要考虑以下因素：

① 对企业的技术信息及经营信息进行分级管理，划分不同的保密等级。

② 建立健全企业涉及商业秘密的接入控制制度，并采取相应的防范措施，如物理隔绝、加密加锁、设备接入限制和实时监控等。

③ 与相关人员签订保密协议和竞业限制协议，提供相关培训。

④ 建立涉密人员离职脱密管理制度。

⑤ 注意留存、保管涉及商业秘密形成、维护和使用的相关资料，如研发资料、成本核算、许可交易记录等。

⑥ 妥善处理涉密设备尤其是电子设备。

（十三）展会知识产权纠纷

组织产品到国内外参加各种展会已经成为企业展示产品、开拓市场、提高影响力和掌握最新市场信息的常规动作。但企业展会被投诉知识产权侵权，甚至展品被当场查抄的事件也时有发生。一旦发生此类事件，往往对参展企业形象打击很大。

企业应当具备防范国内外展会知识产权风险的意识。应对参展材料予以关注和审核，包括：产品、包装、宣传彩页、宣传视频音频资料、公司中英文网站等。所涉及的知识产权问题可能包括：专利、商标、著作权、产品认证等。

建议企业在参展前了解参展国家（地区）相关的法律法规和行政及司法保护形式，借助专业意见评估展会的知识产权风险。企业在参展前还需采取必要的预防手段，如请专业第三方出具不侵权证明、保护函以及预留出担保金，将自身要展出的产品涉及的相关权利及时在参展国家（地区）进行注册，以得到该国家（地区）的知识产权保护。

对于去知识产权高风险的国家（地区）参加展会，企业可考虑聘请当地专业律师随团参展，在展前预防和事后救济方面给予支持和帮助。必要的情况下，企业可以预先建立危机处理团队，负责及时处理展会中出现的知识产权风险问题及其衍生的声誉救济，并在展会的费用中预留知识产权部分的开销。

企业在去国外参展之前，可以寻求行业组织的帮助，还可以联合同行业内其他参展企业，共同应对和解决可能遇到的知识产权问题。

（十四）职务发明创造知识产权流失

实践中，由于某些企业知识产权意识不足、管理水平不高，会出现某些在职员工利用企业的信息、资料、技术在外私自申请专利的情况，且企业发现这种行为的时候可能相应的专利申请已经得到授权。

我国《专利法》有明确规定："执行本单位的任务或者主要是利用本单位的物质技术条件所完成的发明创造为职务发明创造。"下述情形均属于职务发明创造：

① 发明人在本职工作中作出的发明创造；

② 履行本单位交付的本职工作之外的任务所作出的发明创造。

③ 退休、调离原单位后或者劳动、人事关系终止后 1 年内作出的，与其在原单位承担的本职工作或者原单位分配的任务有关的发明创造。

职务发明创造申请专利的权利属于该单位，申请被批准后，该单位为专利权人。该单位可以依法处置其职务发明创造申请专利的权利和专利权，促进相关发明创造的实施和运用。

如果员工确实将属于职务发明创造的技术原封不动申请了专利，企业可以积极与员工协商，依据劳动合同以及《专利法》相关规定，规劝员工协助企业完成专利权转让；如协商不成，可诉诸法律。如果是员工在原有职务发明创造基础上进行了新的改进又申请了专利，则需要综合双方提供的证据重新界定发明点，以判定发明创造的真正归属。

职务发明人与企业的关系是一种劳动合同关系。除了法律规定之外，员工也可以与企业通过合同方式另行约定利用单位物质技术条件所完成的有关发明创造成果权的归属问题，且实践中“合同约定优于法律规定”。鉴于此，规范这个问题最简单的解决方式，是企业在与员工签订劳动合同的时候，依法明确界定职务发明创造的权利归属，同时签署必要的保密协议。

需要提到的是，我国现行《专利法实施细则》中还规定了企业需要履行的义务：企业应当给予发明人的奖金中，1 项发明专利的奖金最低不少于 3000 元，1 项实用新型专利或者外观设计专利的奖金最低不少于 1000 元。

企业在实践中，既要通过劳动合同和保密协议规范和预防员工私自申请专利的情况，也要履行法律规定的义务。同时，企业还可以定期监控与本企业技术和产品密切相关的专利信息。

（十五）合作研发中的专利权属纠纷

在现代企业经营活动中，委托开发和合作开发是一种常见情形。企业往往会天然地认为，“谁出的钱，成果就是谁的”，或者“大家一起完成的，成果就是大家共有的”。实践中，却时常会发生因证据不足而导致企业花费巨资但研发成果及专利权被他人占有的情况。

如合作方擅自申请了专利，企业应首先查看与合作方签署的协议，看是否就合作项目的知识产权归属有相关约定。如果有约定，按照约定协商处理；如果协议中没有相关约定，且合作方不愿意协商解决该权属纠纷，则可以向国家知识产权局提交因专利申请权属纠纷的中止审查请求（中止请求一般不超过1年），然后整理研发证明资料、相关技术资料曾披露给合作方的证据，请求地方管理专利工作的部门进行调解；此外也可以向法院提起权属纠纷的诉讼索回专利申请权或专利权。

为避免此类事件发生，建议企业在确定合作方时，在未披露合作相关技术前，事先签署保密协议及合作协议，约定清楚对于合作产生的成果所涉及的知识产权的归属及相关违约责任等，以保障自身权益。